Walter Arnold
Fritz H. Lamparter

Friedrich Wilhelm Raiffeisen

Einer für alle – alle für einen

Hänssler-Verlag
Neuhausen-Stuttgart

CIP-Kurztitelaufnahme der Deutschen Bibliothek

Arnold, Walter:
Friedrich Wilhelm Raiffeisen: Einer für alle – alle
für einen / Walter Arnold; Fritz H. Lamparter. –
Neuhausen-Stuttgart: Hänssler, 1985.
ISBN 3-7751-1069-0

NE: Lamparter, Fritz H.:

Bestell-Nr. 59 867

Titelbild: Atelier M. Stiebel, Koblenz
Umschlaggestaltung: Atelier Ozory, Stuttgart
Gesamtherstellung: Ebner Ulm

Inhalt

Zum Geleit

Wer heute das Wort »Hungersnot« hört oder Bilder von an Hunger gestorbenen Menschen sieht, denkt dabei an die Sahel-Zone in Afrika oder asiatische Großstädte mit ihren Elendsvierteln. Auch hierzulande war die Hungersnot im Winter 1816/17 so groß, daß die Menschen selbst das Saatgetreide aufaßen. Die junge württembergische Königin Katharina versetzte damals sogar ihr Privatsilber und ihren wertvollen Schmuck, um in Rußland neues Saatgut kaufen zu können. Im Gefolge der drückenden Armut, die auch in den folgenden Jahren beinahe überall in Mitteleuropa herrschte, wanderten viele Menschen nach Osteuropa oder Nord- und Südamerika aus, um in diesen Ländern bessere Lebensbedingungen zu suchen. Was aber geschah hierzulande, um die darnieder liegende Landwirtschaft zu »entwickeln«?

Friedrich Wilhelm Raiffeisen, dem das vorliegende Buch gewidmet ist, kam aufgrund seiner in der Bibel wurzelnden Erkenntnis zu der Einsicht, daß das Entscheidende für die Verbesserung der Verhältnisse auf dem Lande nicht von außen kommen konnte, sondern von den Betroffenen selbst bewirkt werden müßte. Einer sollte für den anderen eintreten; alle sollten für den einstehen, der in Not geraten war, wie ebenso der eine auch für alle anderen sich einzusetzen bereit sein mußte. Keiner konnte es alleine schaffen, den Teufelskreis von Verschuldung, Armut und sozialem Elend zu durchbrechen, aber gemeinsam würden sie den vielfachen Nöten Widerstand zu leisten imstande sein. Damit war die Idee des Genossenschaftswesens geboren. Zusammen mit der Erfindung chemischer Dünge- und Schädlingsbekämpfungsmittel legte die Entstehung landwirtschaftlicher Genossenschaften den Grundstein für eine geradezu stürmische Entwicklung der über Jahrhunderte hinweg so elenden Lebensbedingungen auf dem Lande.

Angesichts periodisch wiederkehrender Hungersnöte in vielen Ländern der sogenannten »Dritten Welt« drängt sich die Frage auf, was von unseren Entwicklungen der letzten einhundertfünfzig Jahre auf jene Länder übertragbar ist. Wir wissen heute, daß die von uns geleistete Entwicklungshilfe »angepaßt« sein muß, um Fehlschläge – etwa durch den Transfer komplizierter Technologie oder von Produktionsstätten mit hohem Energiebedarf – nach Möglichkeit zu vermeiden. Je länger, desto deutlicher erkennen wir, daß »Entwicklung« nicht nur von außen kommen kann, sondern von den Menschen des jeweiligen Landes eigenverantwortlich betrieben werden muß. Unsere öffentliche Entwicklungshilfe muß wirkungsvoller als bisher die jeweiligen Ansätze einer »Hilfe zur Selbsthilfe« stärken. Die Kirchen sind hier oft mit gutem Beispiel, vor allem auch in der Organisation und im Aufbau eines von einheimischen Kräften getragenen Genossenschaftswesens vorangegangen. In Afrika, Asien und Lateinamerika hat das Lebenswerk von Friedrich Wilhelm Raiffeisen neue Bedeutung und Aktualität bekommen.

Fritz H. Lamparter, ein ehemaliger Missionar und Entwicklungshelfer, von Beruf Diplom-Ingenieur für Landbau, der heute im Referat für Mission und Ökumene des Evangelischen Oberkirchenrats in Stuttgart viele Beziehungen zu missionarischen und entwicklungsbezogenen Diensten in Partnerkirchen mitverantwortet, hat es dankenswerterweise unternommen, den Lebensgang und das Werk Raiffeisens nachzuzeichnen. Dabei sind ihm seine detaillierte Sachkenntnis und ein bewunderswertes Einfühlungsvermögen in die damalige Zeit und Welt sehr zustatten gekommen. Als besonders verdienstvoll darf gewertet werden, daß der Autor nicht bei historischen Tatbeständen stehengeblieben ist, sondern die Bedeutung Raiffeisens und die Linie der von ihm geschaffenen Genossenschaftsidee bis in die Gegenwart hinein ausgezogen hat. Diese umfangreiche Arbeit verbindet eine unterhaltend geschriebene Nacherzählung des an Höhen und Tiefen reichen Lebens von Raiffeisen mit theologischen und entwicklungsbezogenen Aspekten der gegenwärtigen Wirkung dieses außergewöhnlichen Mannes. Möge das mit viel Hingabe erarbeitete Buch einen breiten und interessierten Leserkreis finden und so dazu beitragen, daß der Strom des Segens, der von Raiffeisen ausgegangen ist, auch die heutige Generation erreicht.

Walter Arnold

Friedrich Wilhelm Raiffeisen
** 30. 3. 1818 † 11. 3. 1888*

Vorwort

Die Andacht »Einer für alle« (2 Kor 5,14) – steht ganz bewußt am Anfang dieser Lebensbeschreibung. Sie gab den Anstoß zur Frage:

Wer war Friedrich Wilhelm Raiffeisen?

Weitgehend Fehlanzeige im deutschen Buchhandel! In der Fachbibliothek des Deutschen Raiffeisenverbandes in Bonn findet sich umfangreiche Literatur und wissenschaftliche Abhandlungen über Idee und Werk Raiffeisens. Jedoch ist das allermeiste vergriffen. Was weiß man vom Gründer des Genossenschaftswesens, welches heute weltweit über 150 Millionen Mitglieder zählt? Auf der Suche nach Material für ein Lebensbild fand ich an der Raiffeisenstraße vom Westerwald nach Neuwied und im Raiffeisenhaus in Bonn einiges, was in diesem Buch zusammengefaßt ist. Leider ist es viel zu wenig, und ich möchte es nur als einen Anfang einer umfangreicheren Arbeit sehen. Für Anregungen, Hinweise und Korrekturen bin ich sehr dankbar. Vielleicht könnten in einem weiteren Buch Dokumente aus den vergriffenen Veröffentlichungen und neue wissenschaftliche Aspekte des Genossenschaftswesens wie der Theologie aufgearbeitet werden. Mit der Auswertung der Quellen habe ich behutsam eine dichterische Freiheit verbunden, damit die Geschichte des großen Mannes für unsere Generation lebendig wird.

Danken möchte ich allen, die mir wichtige Hinweise für dieses Buch gegeben haben. Besonders zu erwähnen sind: Professor Dr. E. Mändle, Pfarrer J. Hasselhorn, Vorsteher K. Kaldrack von der Herrnhuter Brüdergemeine Neuwied, Amtmann H. Ott vom Landeskirchlichen Archiv in Württemberg, die Mitarbeiter im Raiffeisenhaus in Bonn, Herr K. Markmann und Direktor W. Schiffgen sowie die noch lebenden Autoren früherer Veröffentlichungen: Dr. I. Bauert-Keetman, Professor F. Braumann, J. Hönekopp und Dr. F. Kaiser.

Unser Volk, vor allem die jüngeren Generation, weiß nicht mehr viel von dem großen Einfluß des Christentums und den von

Christus motivierten Männern, wie Friedrich Wilhelm Raiffeisen einer war, auf unsere heutige Gesellschaft. Der Kapitalismus in seiner heutigen Ausprägung läßt viele Menschen im Westen, auch Christen, an diesem System zweifeln, vielleicht sogar verzweifeln. Nicht wenige, auch intelligente Vertreter unseres Volkes schielen immer noch in den Osten, obwohl die Geschichte inzwischen klar gezeigt hat, daß der Kommunismus in den Ländern des Ostblocks und der Dritten Welt nur Unterdrückung des freien Denkens, Hunger und Flüchtlingsnot gebracht hat.

Zum kleinen Einmaleins des Marxismus gehört, daß es keinen sogenannten dritten Weg im Gegenüber der Gesellschaftsordnung des Westens und des kommunistischen Systems gibt. Raiffeisens Idee ist ein dritter Weg. Das Genossenschaftsprinzip könnte besonders in der Dritten Welt, auch heute noch und wieder neu, wegweisend sein, wenn es sich auf seinen Ursprung besinnt: »Einer für alle – alle für einen.«

Fritz H. Lamparter

Einer für alle, alle für einen*

Im Jahre 1968 gab die Deutsche Bundesbank anläßlich des 150. Geburtstages von Friedrich Wilhelm Raiffeisen, der am 30. März 1818 geboren wurde, eine 5-DM-Gedenkmünze heraus. Sie gilt unter den etwa fünf Millionen Sammlern von Deutschland-Münzen als gesuchtes Stück, wurden seinerzeit doch nur vier Millionen Münzen mit dem Kopf von Raiffeisen geprägt. Die Randumschrift der Münze gibt das Motto der Raiffeisen-Bewegung wieder:

»Einer für alle, alle für einen.«

Viele Menschen wissen nicht mehr, daß dieser Leitsatz der Genossenschaftsbewegung keine Erfindung eines Werbespezialisten ist, sondern eine biblische Feststellung wiedergibt. Der Apostel Paulus hatte seinerzeit an die Gemeinde in Korinth geschrieben:

»Die Liebe Christi drängt uns so, weil wir dafür halten, daß, so *einer für alle* gestorben ist, so sind sie alle gestorben. Er ist darum für alle gestorben, damit die, die jetzt leben, fortan nicht sich selbst leben, sondern dem, der für sie gestorben und auferstanden ist« (2 Kor 5,14–15).

Raiffeisen hatte ganz bewußt eine zentrale Aussage der biblischen Botschaft von der Rechtfertigung des sündigen Menschen, der nur auf sich bedacht ist, zum Motto des Genossenschaftsgedankens erhoben. Er wußte – und hatte es in seinem eigenen Leben erfahren –, daß die gute Nachricht von der erlösenden Liebe Gottes zu dem Menschen bei uns erneuernde Bewegungen auslösen kann.

Wo bisher jeder ängstlich nur auf das Seine bedacht war, befreit die Kraft Christi seine Nachfolger – wenn sie sein Leben, sein Sterben und Auferstehen als für sich verpflichtend bejahen – zu neuem Handeln in dieser Welt. Raiffeisen wollte seinerzeit nicht einfach eine neue Idee vermitteln, ihm ging es um die Umsetzung des Evangeliums in den Alltag. Wenn die Menschen das Lebens-

* *Ansprache bei der Einweihung einer Genossenschaftsbank am 7. Oktober 1983 in Stuttgart*

Auf der hier nicht sichtbaren Randumschrift der Raiffeisen-Gedenkmünze steht das Motto: »Einer für alle – alle für einen.«

werk Jesu Christi bejahen würden, könnten sie dann nicht ähnlich wie er handeln? Er hatte sein Leben für alle gegeben, damit jetzt alle für Gott und ihren Nächsten – und nicht nur für sich selbst – leben sollten.

Die ersten Christen in Jerusalem hatten dafür ein Beispiel gesetzt, indem sie alle ihr Hab und Gut verkauft hatten und aus dem gemeinsamen Erlös ihren Lebensunterhalt bestritten. Mit der Zeit waren sie jedoch verarmt, weil sie zu wenig verdienten. So rief Paulus die christlichen Gemeinden in Kleinasien dazu auf, durch eine Sammlung der Christen in Jerusalem unter die Arme zu greifen. Damit begann, was wir heute christliche Solidarität nennen. Sollte das, was im 1. Jahrhundert die jerusalemischen Christen vor der völligen Verarmung bewahrte, nicht auch der durch die napoleonischen Kriege verursachten Armut in Deutschland ein Anstoß zum guten Füreinander-Einstehen sein können? So dachte Raiffeisen, und seine Überzeugung und Tatkraft rettete im 19. Jahrhundert viele Bauern vor den Folgen bitterer Armut. Die Genossenschaftsbewegung, die auf ihn und seine christlichen Impulse zurückgeht, gab vielen kleinen Landwirten eine neue

Chance. Nun waren sie nicht mehr den Zinswucherern hilflos ausgeliefert, wenn sie Kapital benötigten, um sich ein Gespann Zugochsen kaufen zu können. Jetzt half die größere Gemeinschaft dem einzelnen, der in Not geraten war, und die Beiträge des einzelnen schufen die Solidargemeinschaft, die für alle da war.

Und heute? Ist die Genossenschaftsbewegung, die Raiffeisen auf eine biblische Grundlage stellen wollte, überholt? Ist sie nicht im Zeitalter der weltumspannenden Finanzmächte überholt? Keineswegs. In vielen Ländern der Dritten Welt, zum Beispiel in Indien, treffen wir heute ähnliche Verhältnisse wie bei uns zu Beginn des 19. Jahrhunderts an. Durch die hohen Zinsen, die für Darlehen gezahlt werden müssen und die oft die Kraft eines Kleinbauern übersteigen, werden immer noch Menschen in schwierige finanzielle und personelle Abhängigkeit geführt. Dies führt dann in Extremfällen, die leider ziemlich häufig sind, sogar

Die Deutsche Bundespost und auch andere Länder haben Friedrich Wilhelm Raiffeisen unter die »Helfer der Menschheit« eingereiht. Zahlreiche Poststempel erinnern an Raiffeisen.

dazu, daß die eigenen Kinder als Billigstarbeiter verpfändet werden müssen. Hier ist heute die Bildung örtlicher und regionaler Genossenschaften für Kleinbauern und Kleinhandwerker gefragt.

Oft hängt die Glaubwürdigkeit der christlichen Verkündung an ihren Früchten, die sie auf sozialem Gebiet zu zeitigen vermag. Wenn Menschen, die jahrelang in tiefe Verschuldung verstrickt waren, plötzlich wieder Hoffnung schöpfen können, weil ihnen eine Genossenschaft zu helfen vermag, dann wird die biblische Wahrheit des »Einer für alle, alle für einen« ganz real und gegenwartsnah.

Friedrich Wilhelm Raiffeisen kann uns auch heute ganz deutlich machen, was es bedeutet, wenn wir die Botschaft von Jesus mit unserem ganzen Leben ernst nehmen und umsetzen in die Bezüge unseres Alltags. Sich mit ihm zu beschäftigen, ist auch heute noch lohnend!

Oberkirchenrat Walter Arnold

Dreißig Jahre im Rückblick

Zwangsversteigerung in Flammersfeld

»... zum ersten, zum zweiten, zum dritten und zum letzten Mal!«

Unter den Hammer kam am 25. März 1849 der Bauernhof in Reiferscheid Nr. 7, zur Gesamtgemeinde Flammersfeld im Westerwald gehörend. Die öffentliche Versteigerung war damit beendet. Der Hof von Karl und Johanna Orfgen mit fünf Kindern ging mit allen Grundstücken, dem Vieh, den Fahrnissen, der Pflanzung sowie mit allem Zubehör, welches niet- und nagelfest im Haus angebracht war, für 62 Taler in den Besitz des Händlers August Putfarken über. Er wäre 1000 Taler wert gewesen.

Frau und Kinder weinten und fielen Putfarken zu Füßen: »Laß uns hier wohnen bleiben, verjag uns nicht!« Putfarken winkte zum Tisch hinüber, der vor dem Anwesen stand und wo der Polizeidiener dem Gerichtsbeamten half, Akten und Hammer einzupacken. »Helfen Sie mir doch, das Volk belästigt mich«, rief Putfarken.

Der Bauer war noch wie gelähmt. Er hatte das alles ja seit einiger Zeit kommen sehen, und der Versteigerungstermin war fristgerecht festgesetzt worden. Seit er vor vier Jahren Leihvieh vom Händler in den Stall genommen hatte, kam er immer mehr in Schulden und war zuletzt Putfarken total ausgeliefert. Durch die Mißernten und die schlimme Hungersnot in den letzten Jahren wurden alle Reserven aufgezehrt. Der Wucherer hatte just den für ihn günstigsten Termin zur Versteigerung gewählt.

Bürgermeister Friedrich Wilhelm Raiffeisen und Pfarrer Friedrich Marius Müller, die bei der kleinen Gruppe von Zuschauern standen, gingen auf Orfgen zu. Raiffeisen drückte ihm fest die Hand und sagte: »Gut verloren – viel verloren, Mut verloren – alles verloren.« Für Orfgen war die dargereichte Hand ein Stück Hoffnung.

Pfarrer Müller und der erst seit einem Jahr in Flammersfeld amtierende Bürgermeister hatten alles unternommen, um das

Unheil abzuwenden oder doch wenigstens aufzuschieben. Der Bauer dankte den beiden, die sich auch um ein vorläufiges Unterkommen für die Familie bemüht hatten; aber was sollte aus ihm werden?

Raiffeisen steckte seine Notizen ein. »Es ist die sechzehnte Versteigerung seit ich hier bin«, sagte er zu seinem 20 Jahre älteren Freund. Seit der ersten Begegnung mit Pfarrer Müller hatte Raiffeisen sich ausgezeichnet mit ihm verstanden. Oft waren sie im letzten Jahr zusammen zu den Versteigerungen gegangen. Von den betroffenen Bauern ließ sich Raiffeisen immer erzählen, wie alles gekommen war, und schrieb es sich genau auf.

Bei Orfgen fing das Unglück damit an, daß der gerissene Viehhändler ihn zu einem scheinbar günstigen Handel überredete. Er stellte ihm leihweise eine Kuh in den Stall und ließ sich als Pfand ein Rind vom Bestand des Bauern überschreiben. Der Händler setzte Zinsen und Tilgung für die nichtbezahlte Kuh so hoch an, daß Orfgen sie nie erwirtschaften konnte. Ja, es kam sogar so weit, daß Orften zuletzt die Milch von der eigenen Kuh an Putfarken zahlen mußte. Putfarken wurde allmählich zum unerbittlichen Gläubiger.

Auf dem Heimweg erzählte der Bürgermeister von der letzten Versteigerung in Seelbach. Der Händler stellte dem Bauern zuerst eine trächtige, aber abgemagerte Kuh in den Stall; bis zum Kalben dauerte es wesentlich länger als behauptet wurde. Zur scheinbaren Erleichterung der Bezahlung wurde die Kuh mit einem Geldbetrag bewertet und bis zum Eintritt des nutzbringenden Zeitpunktes ohne Anzahlung verliehen. Die Hälfte des angesetzten Wertes mußte der Bauer dann als Kaufgeld entrichten. Der Aufschlag des Händlers war aber so hoch, daß der Bauer auch noch mit der Hälfte das Tier viel zu teuer bezahlte. Er war dazu nicht in der Lage, und so nahm der Händler die gut herangefütterte und kurz vor dem Nutzen stehende Kuh zurück und stellte ihm wieder ein mageres Rind hin. Die Hoffnung, dieses Mal ein besseres Geschäft zu machen, schlug fehl. Der Bauer war dem Händler wehrlos ausgeliefert, und die Schulden nahmen dynamisch zu.

Raiffeisen holte kräftig aus, so daß der Pfarrer oft Mühe hatte, bei diesem Fußmarsch mitzuhalten. Als der Weg wieder etwas besser wurde, berichtete Raiffeisen von einer Zwangsversteigerung in seiner vorigen Gemeinde Weyerbusch. In Odenroth lebten damals die Bauersleute Penckhoff. Bei der Hochzeit vor zehn Jahren mußte Michael Penckhoff seine zwei Schwestern ausbezahlen. Weil kein Bargeld vorhanden war, verpfändete Penckhoff einige seiner besten Felder. Die Schwestern erhielten Zins und waren damit zufrieden. Bis eine davon heiratete und den Pfandbrief beim Händler Birnbaum einlöste. Der setzte sogleich die Zinsen herauf, stellte Vieh in den Stall der Familie Penckhoff, und die Verschuldung nahm rasch zu. Als Raiffeisen von der bevorstehenden Versteigerung hörte, ging er zum Händler Birnbaum. Der ließ jedoch nicht mit sich reden und warf ihn beinahe zum Haus hinaus. – Penckhoff wurde ein treuer Mitarbeiter Raiffeisens und versorgte den großen Gemeindewald.

Nun sahen sie zwischen den Bäumen schon die ersten Häuser. Die Zeit war zu schnell vergangen. »Eigentlich«, sagte Raiffeisen zu seinem Begleiter, »wollte ich Ihnen auch noch meine erste Begegnung mit einem Wucherer in meiner Heimatstadt erzählen, aber das reicht jetzt nicht mehr.«

Pfarrer Müller, der Raiffeisen immer gerne zuhörte, sagte: »Mir ist es schon lange ein Verlangen, mehr von Ihrer Heimat und Jugend zu hören, zumal Ihr Pfarrer in Hamm mir ein lieber alter Freund ist. Könnten Sie nicht mit Ihrer Frau nächsten Montag ins Pfarrhaus kommen und von Ihrer Kindheit erzählen? Meine Frau würde sich auch mächtig freuen.«

»Abgemacht«, antwortete Raiffeisen. Er hatte mit Pfarrer Müller im ersten Jahr hauptsächlich über die Probleme der Gemeinde gesprochen und hatte in ihm auch einen erfahrenen Berater.

Beim Pastor zu Gast

»Emilie«, rief der Bürgermeister bei seiner Rückkehr noch von der Haustür aus, »Pfarrer Müller hat uns für Montagabend eingeladen, wir waren ja schon lange nicht mehr dort. Kannst du mitkommen?« Emilie ging es seit der Geburt von Lina, ein paar Monate nach dem Einzug in Flammersfeld, gar nicht gut, und so zog sie es meistens vor, zu Hause bei den beiden kleinen Kindern zu bleiben. »Ja, dir zuliebe gehe ich gerne mit, und du weißt ja, daß ich mich immer auch gerne mit Frau Müller unterhalte; unser Hausmädchen Grete wird auch einmal allein das Haus hüten können.«

So saßen sie am Montagabend in dem gemütlichen Wohnzimmer des Pfarrhauses in Flammersfeld zusammen. Raiffeisen zog ein Dokument aus seiner Rocktasche hervor, das er noch schnell vorher eingesteckt hatte. »Ich dachte, lieber Herr Pfarrer Müller, daß es Sie freuen wird, wenn Sie die Schriftzüge Ihres Freundes und meines Patenonkels, Georg Seippel, sehen können. Pfarrer Seippel liegt ja zur Zeit an einer heimtückischen Krankheit schwer darnieder.«

Pfarrer Müller nahm das Papier und las:

»Zum Andenken an den Tag der Konfirmation – Friedrich Wilhelm Raiffeisen, geboren am 30. März 1818 in Hamm an der Sieg.
Siehe, ich sende meinen Engel vor dir her, der dich behüte auf dem Wege und dich bringe an den Ort, den ich bereitet habe;
2. Mose 23,20.

Ich bin unverzagt und heiter,
Im Vertraun auf Gottes Wort
Setz ich meine Wallfahrt fort,
Der bisher half, hilft mir weiter,
Er hält fest, was er verspricht.
Gott, mein Gott, verläßt mich nicht!

Hamm, Sonntag Okuli 4. 3. 1832 – Von deinem Patenonkel und Pfarrer Georg Seippel.«

Der Pfarrer sah auf und sagte zu Frau Raiffeisen: »Das ist doch das gleiche Bibelwort, welches Sie sich zur Taufpredigt für das Karolinchen im letzten Jahr gewünscht haben.«

»Ja, ich wollte das bei der Taufanmeldung auch sagen, aber Wilhelm war dagegen. Ich möchte mich noch nachträglich für die gute Predigt bedanken. Wir können diese Bewahrung täglich brauchen, besonders auch mein Mann auf den häufigen Fußmärschen durch die Wälder in die Dörfer.« Der Bürgermeister schaltete sich ein: »Wir sind heute abend eingeladen worden, damit ich aus meiner Jugend erzähle, auch Emilie wird manches noch nicht gehört haben.«

Vom Elternhaus in Hamm

»Ihr dürft es wissen, auch im Elternhaus war mir mein Konfirmationsspruch schon eine große Hilfe«, fing Raiffeisen an zu erzählen. »Es war eine schöne Zeit im großen Familienkreis mit sieben Geschwistern, und ich wurde schon sehr jung im Stall und

In diesem Haus wurde Friedrich Wilhelm Raiffeisen in Hamm an der Sieg geboren. 1962 wurde das Haus zu einer Gedenkstätte und mit einem kleinen Museum ausgestattet.

Haus von hinten

auf den Feldern gebraucht. Meinen Vater, Gottfried Friedrich, der dieses Jahr im Januar an Auszehrung gestorben ist, habe ich kaum gekannt. Beinahe 30 Jahre war er krank, so daß Mutter ihn bei Ordensbrüdern in der Nähe unterbringen ließ. Mutter hat viel Gutes von ihm erzählt. Er kam aus Mittelfischach, das zur damaligen Grafschaft Limpurg gehörte. Sein Vater war dort Pfarrer, und meine Vorfahren stammten weit zurück aus Hohenlohe-Franken. Bevor mein Vater nach Hamm an der Sieg kam, war er Eleve (Landwirtschaftslehrling) und erhielt eine kaufmännische Ausbildung beim Fürsten zu Hohenlohe-Waldenburg. Mutter sprach nicht gerne von der Krankheit meines Vaters. Er war ja vorher ein sehr geachteter Mann in Hamm gewesen, in meinen ersten Lebensjahren sogar Bürgermeister.

Zum Glück hatte meine Mutter Amalie Susanne Maria, geborene Lantzendörffer, eine große Stütze in ihrem einige Jahre jüngeren Schulfreund Georg Seippel, meinem Paten. Er war nicht nur die meiste Zeit als Pfarrer in Hamm, sondern ist als Pfarrersohn auch dort aufgewachsen. Mutters Vater und Großvater waren schon Bürgermeister in Hamm, der Urgroßvater Lantzendörffer kam von Münchberg aus der Grafschaft Bayreuth.«

Aus der Jugendzeit

»Sie müssen zwischendurch einen Schluck trinken, lieber Herr Bürgermeister«, sagt die Pfarrfrau. »Auf was können wir anstoßen?« fragt Pfarrer Müller. »Vielleicht, daß der Flammersfelder Hilfsverein bald zustande kommt«, gibt er selbst zur Antwort. »Du mußt unbedingt auch die Anisschnitten probieren, lieber Wilhelm, die Frau Pfarrer kann ausgezeichnet backen.«

Mit einem Blick auf die große Standuhr fährt Raiffeisen fort: »Ja, die Jugendzeit in Hamm ging so schnell vorbei. Zuerst durfte ich mit den älteren Schwestern auf die Felder und Wiesen mit. Wir hatten viel Spaß beim Kühehüten, Kartoffelrösten, Haselnüsse- und Bucheckernsammeln. Und was sind wir durch die Felder und Wälder gestreunt. Mir machte es Spaß, wenn meine Schwestern sich nicht mehr auskannten und Angst bekamen, und ich sie dann sicher wieder auf einen Weg und nach Hause brachte. Aber bald ging es über in harte Arbeit, vor allem auf dem Feld, da wurde mir nichts geschenkt. Der Mutter zulieb hab' ich das immer gerne gemacht. Manches Mal war ich dann in der Schule und im Konfirmandenunterricht so müde, daß ich nur mühsam folgen konnte. Dabei war der Unterricht von Pfarrer Seippel immer spannend. Er war wohl sehr streng und hat manches Mal mit dem alten Glockenseil für Ordnung gesorgt.

Und da ist auch die Geschichte mit dem Wucherer, die ich Ihnen, Herr Pfarrer, nach der letzten Versteigerung noch erzählen wollte: Als ich im sechsten Schuljahr war, hat mich der Lehrer manchmal für die Unterkläßler im Rechnen angestellt. Mir hat dieses Fach ja immer Freude gemacht. So kamen öfters auch Bauern zu uns und wollten sich die Zinsen von mir ausrechnen lassen.

Eines Tages kam meine Schwester Bertha aufs Feld und rief: ›Wilhelm, komm schnell nach Hause, du sollst dem Bauern Fischer den Zins ausrechnen!‹ So rannte ich den Berg hinunter. Der Bauer saß am Tisch in der Stube und legte die Zinsrechnung des Geldverleihers vor.

›Wilhelm, stimmt die Rechnung? 720 Taler soll ich bezahlen. Kann das bei 12 Prozent sein?‹ – ›Ja, wo haben Sie den Schuldschein? Es kommt darauf an, ob die Zinsen pro Monat oder Vierteljahr gerechnet werden. Das hier wären dann vielleicht 36 Prozent im Vierteljahr!‹ – ›Den Schuldschein hat der Händler‹, antwortete Bauer Fischer, ›könntest du denn mit mir in die Gastwirtschaft gehen und mir den Schein dort vorlesen?‹

In der niederen Gaststube saß der stämmige Händler aus Altenkirchen und verhandelte mit einem anderen Bauern. Als wir drankamen, fuhr er Fischer grob an: ›Sie wollten doch nur Geld holen, was soll der Junge?‹ – ›Ich wollte mir den Schuldschein von ihm vorlesen lassen!‹ Ich sagte kleinlaut: ›Ich möchte nur sehen, ob die 12 Prozent monatlich oder vierteljährlich gerechnet werden.‹ – ›Was hast du zu sehen?‹ und, klatsch, hatte ich eine zünftige Ohrfeige vom Wucherer. ›Das hat mir gerade noch gefehlt! Ich helfe den Leuten, daß sie leben können, und dann werden sie frech und meinen, ich betrüge sie. Da schau her‹, sagte er und suchte nach dem Schuldschein in seinem Bündel. Dann allerdings, als er selbst einen Blick hineintat, sagte er: ›Wahrhaftiger Gott, da hab' ich mich doch wirklich mal versehen. Es sind nur 12 Prozent Zinsen im Vierteljahr.‹ Bauer Fischer bezahlte den richtigen Betrag und ging erleichtert hinaus. Am nächsten Tag schickte er uns einen großen Laib Brot als Dank.«

Weichenstellung

»Wilhelm, du wolltest doch von deiner Konfirmation erzählen, ich höre die Geschichte gern einmal wieder«, sagte Frau Emilie.

»Ach ja, wir waren ja nur wenige Konfirmanden, und so mußte ich große Teile des lutherisch-reformierten Katechismus lernen und aufsagen, weil andere das nicht so leicht konnten. Aber mit meinen 14 Jahren war ich dann doch recht verzagt, als wir zur Konfirmandenprüfung in die Kirche gingen und ich zum ersten Mal vor allen Leuten sprechen sollte. Vor allem kamen am Freitag und Sonnabend noch meine Paten, der Hofrat Friedrich Lantzendörffer und der Lehrer Adam Bungeroth aus Koblenz. Onkel Bungeroth hatte auch noch seine beiden Söhne, Karl und Heinrich, mitgebracht, die ja in Hamm geboren sind. Mit ihnen habe ich mich gleich gut verstanden, obwohl sie einige Jahre älter sind. Karl ist jetzt seit 1847 in der Oberamtsstadt Altenkirchen Pfarrer, und Sie, Herr Müller, haben ihn sicherlich schon bei einem Pfarrkonvent kennengelernt.«

»Ja, der Bungeroth, der ist ein sehr begabter Theologe, der es noch weit bringen kann. Ich diskutiere immer gerne mit ihm über die moderne Universitätstheologie«, bestätigte Pfarrer Müller.

»Beim Konfirmationskaffee war denn noch Pate Pfarrer Seippel da. Er gab dabei ein Gedicht zum besten, in dem es um meine Namensgebung ging: Friedrich nach dem Vater und Onkel Lantzendörffer, Wilhelm nach ihm, Georg Wilhelm Seippel – aber Friedrich Wilhelm nach dem preußischen König Friedrich Wilhelm IV., zu dessen Reich das Rheinland seit dem Befreiungskrieg 1815 gehört und dessen Namen auch die neugegründete Universität in Bonn erhielt. Dies war in Versen schön gereimt.

Da hab' ich mich gehörig groß gefühlt. Meine liebe Mutter hat mich auch noch ordentlich gelobt aufgrund meiner Energie, die Landwirtschaft zu betreiben. Das brachte das Gespräch auf meine

Zukunft. Land-, wald- und heimatverbunden, wäre ich am liebsten zu Hause geblieben. Aber meine Mutter meinte, daß ich auch das Zeug zum Studieren hätte. Nur, wie sollte man das Geld dazu aufbringen? Und zuerst müßte ich noch in die Lateinschule in die Stadt. Dies war von Hamm aus nicht möglich. Der königlich-preußische Hofrat, Onkel Friedrich, hatte dann auch einen Vorschlag: Die Preußen wollten ihre Armee am Rhein ausbauen und hatten dazu das Dominikanerkloster in Köln als Kaserne für die Ausbildung von Artillerieoffizieren eingerichtet. Aber man konnte erst mit 17 Jahren eintreten und mußte eine Aufnahmeprüfung in Geschichte, Mathematik und Sprachen ablegen. Ich weiß noch gut, wie Onkel Georg Seippel dann aufstand und sagte: ›Ich würde lieber sehen, er könnte Theologie studieren, aber wenn der Hofrat ihm hilft, zu dieser kostenlosen Ausbildung zu kommen, dann bin ich gerne bereit, ihm den nötigen Unterricht zu erteilen. Er könnte zu Hause wohnen und der Mutter und auch mir noch etwas in der Landwirtschaft helfen.‹«

»Nun ist es aber schon recht spät geworden«, sagte Emilie entschuldigend zu den Pfarrleuten bei dem raschen Aufbruch, »aber Sie müßten uns auch mal besuchen, dann kann mein Mann ja weitererzählen.«

Geburtstagsfeier

Raiffeisen kam heute früher von einer Besichtigung in Oberlahr zurück. Am liebsten ging er zu Fuß durch den Wald. Er war beinahe etwas erholt, aber noch ganz in Gedanken. Seine Frau Emilie erspähte ihn, kam von der Wohnung oben im Bürgermeisteramt herunter und fiel ihm noch unter der Haustür um den Hals:

»Lieber Wilhelm, ich bin ja so froh, daß du schon kommst. Weißt du, was heute ist?«

»Heute ist der 23. September 1849, ach ja, und dein Geburtstag. Den hätte ich ganz vergessen.« Nun war die Reihe an ihm. Er nahm sie fest in die Arme und küßte sie. Das kam selten genug vor bei ihrem überaus fleißigen und pflichtbewußten Mann. Zum Glück warteten keine Besucher auf den Bürgermeister.

»Noch etwas ist heute, Wilhelm.« – »Es duftet nach frischgebakkenem Kuchen und – hast du etwa teure Kaffeebohnen geröstet?« – »Ja, wir können bald echten Kaffee trinken und noch etwas anderes feiern; weißt du, an was ich denke?« – »Du machst es mir heute nicht leicht, aber jetzt fällt es mir ein: Vor vier Jahren war ja unsere Hochzeit. Oh, du bist immer noch wie damals: die allerschönste Braut und noch so jung – erst 23 Jahre jung.« – »Mit 31 ist man auch noch nicht alt, Wilhelm!«

Wilhelm hatte auch feine, zarte Saiten, und beim Geburtstagskaffee kamen sie zum Klingen. Emilie war überglücklich. »Weißt du noch . . .? Erinnerst du dich an . . .?«

Am deutschen Rhein

»Wilhelm, ich erinnere mich noch gut, wie ich am 16. September 1842 mit meinem Bruder zum Ausflug eurer Schülervereinigung ›Euterpia‹ von Winningen nach Koblenz zu dem großen Feuerwerk zu Ehren des Königs mitdurfte. Ich kannte schon einige andere Freunde meines Bruders von der ›Euterpia‹, aber als ich dich, den lebhaften, fröhlichen und die ganze Gesellschaft mitreißenden ›Miles‹ im Offiziersgewand, kennenlernte, da hätte ich dich anbeten können. Aber du weißt ja, daß Mädchen ihre Zuneigung nicht zeigen dürfen.«

»Aber bei anderen Gelegenheiten der ›Euterpia‹ habe ich doch etwas gemerkt, sonst hätte ich auch nicht den Mut gehabt, dich und deinen Vater um die Hand zu bitten«, erwiderte Wilhelm. »Du weißt, es tat mir gut, im Kreis der ›Euterpia‹ und später bei der christlichen Studentenvereinigung ›Wingolf‹ bei Gesang, Musik, Literatur, Wandern und Frohsinn einen Ausgleich zur Artillerieausbildung, dem Drill in der Kaserne zu haben. In den ersten drei Jahren in Köln wurden uns ja neben den Fächern Arithmetik, Trigonometrie, Naturkunde, Geographie, Befestigungslehre, Chemie, Feldmessen und militärisches Zeichnen auch die Grundsätze zur Erneuerung Preußens eingeprägt.

Wie froh war ich, als ich dann als Unteroffizier 1838 an die Inspektionsschule nach Koblenz abkommandiert wurde. Dort trafen sich oft die Euterpianer. Du hast ja auch die meisten der

Freunde kennengelernt – die Theologiestudenten Schoeler, Karl und Heinrich Bungeroth, den Mediziner Arnoldi und Schriftsteller Baedeker. Viele sind dir vielleicht auch nur nach ihren Spitznamen bekannt. Mich, den Soldaten, nannten sie ›Miles‹.«

Emilie unterbrach: »Wie es den Euterpianern wohl geht? Wir haben ja nur noch mit wenigen Kontakt. Wir könnten sie mal auf den Westerwald einladen.«

Die dreijährige Tochter Amalie kam hereingestürmt, und das Linchen mußte gestillt und gewickelt werden. So wurde das Plauderstündchen unterbrochen.

Am Abend, als die Kinder zu Bett gebracht waren, gab es nochmals Gelegenheit, Erinnerungen auszutauschen. Wilhelm nahm den Faden wieder auf:

»Ich war ja 1840 nochmals für zwei Semester in Köln, um noch mein Offiziersexamen abzulegen. Von dort war es nicht so weit nach Bonn, wo die meisten Euterpianer studierten und sich der Studentenschaft Wingolf anschlossen. Dort war Schoeler Präsident und Professor Ernst Moritz Arndt häufig zu Gast. Ich war auch gern gesehen, obwohl ich kein Akademiker war. 1841 war ich für ein Jahr zur staatlichen Eisen- und Waffengießerei nach Sayn, zur Abnahme der Munition kommandiert. Dort fing mein Augenleiden an. Wahrscheinlich hatten der Rauch und der Dampf in der Fabrik und im Labor meinen Augen geschadet. Mich hat alles einfach zu sehr interessiert. Ich ließ mich im November 1842 in Köln untersuchen und mußte gleich im Lazarett bleiben. Nur gut, daß mich die Freunde aus Bonn fleißig besuchten.«

»Ach ja«, sagte Emilie, »ich habe mir da einige Abschnitte aus dem Tagebuch von Albrecht Schoeler abgeschrieben. Darf ich sie holen?« Gleich war sie wieder bei ihm und las:

»Mein ›Miles‹ hatte mir geschrieben, er läge krank und verlassen im Lazarett; ich möge ihn bald besuchen. In der Tat, er bedurfte einer Erheiterung, denn sein Mut war sehr klein, die Zukunft für ihn sehr düster, und die gefühllose Behandlung des Stabsarztes ließ sehr zu wünschen übrig. Ich konnte ihm nicht versagen, ihn bald wieder zu besuchen. Auch mir waren die Stunden bei ihm süß, denn die Nähe eines treuen Herzens ist so wohltuend, tröstet und erheitert aus der Tiefe der Liebe. Man empfängt auch, indem man gibt.«

Und am 4. Dezember schreibt er: »Gestern bin ich mit einem späten Dampfer wieder nach Köln gefahren. Diese Reise galt größtenteils meinem ›Lazarus Miles‹. Er trat mir im Hof des Lazaretts mit heiterem Gesicht entgegen. Der Nachmittag wurde auf seinem Krankenzimmer, das er morgen endlich verlassen darf, mit Kaffee ganz ›euterpisch‹ verplaudert. ›Miles‹ war heiter an Gemüt und hatte seine Gesundheit der Augen fast wiedererlangt.«

»Hast du noch mehr aus dem Tagebuch abgeschrieben? Laß mal sehen.« – »Ja schon, aber ich höre dich auch so gerne selbst erzählen«, antwortete sie ihm. Und so fuhr er fort:

»Für die ›Euterpia‹ war das gastliche Haus des Dr. Arnoldi in Winningen an der Mosel ein Sammelplatz. Die Jugendvereinigung war mir ein Bedürfnis. Die ›Euterpianer‹ suchten die Freude nicht in leichtfertigem Leben, in Tanz, Spiel und Lustbarkeiten, sondern in echter Fröhlichkeit, die aus reinem Herzen und gutem Gewissen kommt. Es waren die höheren, edlen Güter und Freuden, nach denen wir strebten. Wir freuten uns an der herrlichen Natur, an Kunst und Wissenschaft, am sittlichen Streben, an allem Guten und Schönen. Es war mir, wenn ich mit ihnen zusammentraf, als trete ich in einen Eichenwald, in dem der uralte und urbiedere Geist seine brennenden Altäre hätte und es wehte ein Rauschen durch die hohen Wipfel der Eichen und das Rauschen wäre der neue Geist des Vaterlandes, der lebendige Gottesgeist.«

Berufswechsel

»Ich durfte damals«, sprach nun wieder Emilie, »als kleine Schwester nur manchmal an euren Wanderungen und Ausflügen mit dem Schaufelraddampfer teilnehmen. So ist mir die Frühlingsfahrt im Mai 1843 in unauslöschlicher Erinnerung geblieben. Du warst damals extra vom Westerwald dazugekommen. Es ging vom Rhein die Mosel aufwärts. In Winningen stiegen wir zu und fuhren dann weiter zu der alten Burgruine Ehrenburg. Genauso wie mich die Schönheit des Tales erfreut hat, hat mich auch interessiert, was du damals dem Kandidaten der Theologie Bungeroth, mit Spitznamen ›Bommler‹, erzählt hast. Ich stand nur einige Schritte weiter an der Reling und konnte ganz unbemerkt zuhören.

Du warst in Zivil und sprachst von dem Abbruch deiner militärischen Laufbahn, im Hinblick auf eine mögliche Wiederkehr und Verschlimmerung des Augenleidens, was gerade für einen Dienst bei der Artillerie nicht ratsam wäre. Deine Vorgesetzten hätten das sehr bedauert, weil du da, allem Anschein nach, auch tüchtig warst und deine großen mathematischen Kenntnisse und rechnerischen Fähigkeiten bei der Artillerie gut eingesetzt gewesen wären. Aber ein scharfes Auge erfordert dieser Beruf, und das fehlte. Aber du sagtest, stärker als der Gedanke des Verzichtes und Aufgebens eines sieben Jahre ausgeübten Berufes sei das Gefühl der Freiheit, der Erlösung aus dem Kasernendienst – nicht mehr beengt von der Uniform, völlig sein eigener Herr sein für die Wochen des Urlaubs. Die meiste Zeit warst du wohl bei deiner Mutter und den Geschwistern in Hamm.

Der Bungeroth konnte lange zuhören, was bei Pfarrern oft nicht der Fall ist. Er war aber, genau wie ich im Hintergrund gespannt, zu hören, wie es bei dir weitergehen sollte. Aber auch darüber habe ich mir einen Abschnitt aus Schoelers Tagebuch abgeschrieben. Sieh, hier habe ich es.«

»Du bist doch ein recht fleißiges Frauchen, daß du so viel abgeschrieben hast«, kommentierte Raiffeisen. »Als Albrecht Schoeler vergangenen Herbst einige Tage bei uns war, hatten wir so viel über die Tagesprobleme hier auf dem Westerwald und über die Politik, vor allem die Revolution, zu diskutieren, daß ich seinem mitgebrachten Tagebuch kaum Beachtung schenkte. Ja, hier steht es: ›Die Gelegenheit für den ›Miles‹, eigentlich ›Ex-Miles‹, sich in die zivile Verwaltung einzuarbeiten, verschaffte ihm der früher bereits erwähnte Onkel, Hofrat Lantzendörffer, in Koblenz. Durch dessen Vermittlung wurde er bei der königlichen Regierung als Zivilsupernumerar beschäftigt. Hier befriedigte er seine Vorgesetzten durch seinen Fleiß und durch seine Führungsqualifikation in jeder Beziehung, so daß sein Vorgesetzter, Regierungsrat Halm, schon nach zwei Monaten an den Onkel Lantzendörffer schrieb: ›Raiffeisen macht sich recht gut, er müßte bei der Regierung gehalten werden.‹«

Ja, der gute Onkel Friedrich hat mir immer sehr geholfen, und so wurde ich schon im Herbst 1843 zum Kreissekretär des Kreises Mayen ernannt. Von dort wurde ich auch zu dem großen Hochzeitsfest im April 1844 des Lottchen Arnoldi mit Heinrich, dem jüngeren Bruder von Karl Bungeroth, eingeladen. Er war zuvor zum Pastor in Winningen ernannt worden.«

»Jetzt bin ich aber lange nicht mehr zu Wort gekommen, Wilhelm, und ich wollte doch noch etwas zu der denkwürdigen Dampferfahrt sagen. Als wir damals mit dem guten Proviant aus Winningen mit der Gesellschaft auf der Burg ankamen, da hast du mit deinem Organisationstalent auf einmal die ganze Leitung übernommen und als Zeremonienmeister Stimmung beim Essen und Trinken gebracht. Ich habe dich noch mehr bewundert, als du als erster den hochragenden Turm der Burg erstiegen hast. Er schien zuerst allen zu schwierig, denn das unterste Ende der Turmtreppe war abgebrochen, und um den oben erhaltenen Teil der Treppe zu erreichen, hätte man eine Leiter benötigt. Da standest du dann auf einmal oben auf der Zinne und hast deinen Hut geschwenkt. Dann bekamen auch andere Mut, dir zu folgen. Wir ›Burginsassen‹ haben dich mit großem Hallo und Hurra gefeiert. Dabei fiel jemand ein, daß du und ›Bommler‹ ja erst Geburtstag gehabt hattet, und so war dann noch ein Grund gegeben, auf der Burg anständig zu feiern. Wir haben dann Volks- und Burschenlieder gesungen: Schön ist die Jugendzeit, sie kommt nicht mehr.«

»Aber davon reden und träumen dürfen wir auch jetzt noch, das heißt, ein andermal, weil es jetzt schon so spät geworden ist.« Sie falteten noch ihre Hände und sprachen Luthers Abendsegen.

Auf dem Westerwald

In Weyerbusch

Jäh war der Wechsel von dem Kreisstädtchen Mayen in der Vordereifel, zwischen dem Mosel- und Rheintal gelegen, nach Weyerbusch auf dem Westerwald. Friedrich Wilhelm Raiffeisen zog zu Fuß von der Kreisstadt Altenkirchen los, um sein neues Amt in Weyerbusch anzutreten. Es war im Januar 1845, und er mußte sich durch hohen Schnee kämpfen. Der Weg war schlecht markiert. Neuschnee und Verwehungen verhinderten ein schnelles Vorankommen, wie er es sonst gewohnt war. Was würde ihn in Weyerbusch erwarten?

Der Landrat berichtete von zweien seiner Vorgänger, die es nur sehr kurz dort ausgehalten hatten. Sonst hatte er ihm noch ganz allgemein von dem Volk des Westerwalds erzählt. Raiffeisen zählte sich ja auch dazu, aber in Weyerbusch und Umgebung scheint es noch anders als in Hamm zu sein. Die Armut herrschte hier noch wie ein Erbe aus dem Mittelalter.

Der Bauernstand war zuerst durch die Ausbeutung der räuberischen Ritterschaft heruntergekommen. Die Bevölkerung war dann dem Schlendrian kleinstaatlichen Unwesens ausgesetzt, was durch häufige Gebietsveränderung, Vererbung, Eroberung, Kauf und Verpfändung zur Verarmung der Bauern führte. Das Volk begann sich seit Beginn des 19. Jahrhunderts sehr langsam unter den geordneten Verhältnissen der nassauischen und preußischen Regierung zu erholen. Die Folgen jahrhundertelanger Mißwirtschaft ließen sich nicht mit einem Male beseitigen. Dumm und stumpfsinnig waren die Bauern geworden. Sie nahmen die Zustände als von der Natur und von Gott gegeben hin. Ohne Kenntnis eines besseren Daseins und daher ohne Streben danach, war der Erwerbssinn kaum entwickelt: Nur so viel Arbeit wie unumgänglich war, mit so viel Ertrag, daß es zum Leben gerade noch reichte. Nicht gerade arbeitsscheu, aber auch nicht darauf aus, sein Gut zu vermehren, war der Westerwälder Bauer auch leichtfertig in Handel und Wandel. Hilflos war er den Hungersnöten, den Seuchen und den Wucherern ausgesetzt.

Der Westerwald war als Land der armen Leute bekannt. Die Häuser der Ortschaften, die Raiffeisen durchwanderte, waren wie die Armut der Bewohner und des Landes im Schnee versteckt. Der schwere Mantel und die Pelzmütze schützten Raiffeisen vor der Kälte. In einem Umhängesack hatte er seine wichtigsten Habseligkeiten. Zwei Kisten sollten mit einem Fuhrwerk von Altenkirchen nachgesandt werden.

Wieder lichtete sich der Wald, und er entdeckte Häuser mit einer Kirche. Das mußte Weyerbusch sein. Der Klang einer Glocke zum Mittagsgebet riß ihn aus seinen Gedanken über die Menschen. Er sprach ein stilles Dankgebet für die Bewahrung, mit der Bitte um einen guten Anfang. Mit frohem Mut erreichte er die ersten Häuser in Birnbach. Hier ist die Kirche und das Pfarramt, ein Teil der bürgerlichen Gemeinde Weyerbusch.

Das Dorf lag wie im Dornröschenschlaf, die Häuser im Schnee versunken. Aber er hatte vorher die Glocken gehört, deshalb mußte doch Leben vorhanden sein. Er ging auf die Kirche zu und klopfte an dem Haus, das wohl das Pfarrhaus sein mußte. Die Tür öffnete sich, und ein junges Mädchen fragte den Fremden nach seinem Wunsch. »Ich hätte gerne den Pfarrer gesprochen. Ist er zu Hause?« Er nannte seinen Namen, und das Mädchen holte den Pfarrer. »Guten Tag, Schmidtborn ist mein Name, was führt Sie zu mir?«

»Ich komme von Altenkirchen und soll die vakante Bürgermeisterstelle kommissarisch verwalten. Ich heiße Wilhelm Raiffeisen.« – »Ja, dann kommen Sie doch herein in die warme Stube, die Frauen sind jetzt sowieso in der Küche.« Pfarrer Schmidtborn öffnete einen Spalt weit die Küchentür und sagte: »Lisbeth, sag Mutter, wir haben einen Gast. Es ist der neue Bürgermeister. Er wird wohl zum Mittagessen dableiben.«

Der Tisch wurde gedeckt, und bald stand das dampfende Essen darauf. Die Frau sprach das Tischgebet, und bald kam ein reges Gespräch zustande. Pfarrer Schmidtborn sprach von seiner langjährigen Amtszeit in Weyerbusch. Er war wohl schon pensionsreif. Die Frau, noch in den besten Jahren, war eine tüchtige und umsichtige Pfarrerin, und Lisbeth, das Mädchen, welches die

Haustür öffnete, die Tochter, vielleicht ein Nachkömmling. Sie hätte die Enkelin des Pfarrherrn sein können. »Wie mich das freut, Herr Bürgermeister«, führte der Pfarrer das Gespräch weiter, »daß Sie zuerst ins Pfarrhaus gekommen sind. Sie sind immer bei uns willkommen. Gerne stehe ich Ihnen mit meinem Rat zur Verfügung. Ich kenne längst alle Familien, die zum Kirchspiel gehören. Es wird für Sie nicht leicht, hier auf dem Westerwald.« – »Lassen Sie den ›Bürgermeister‹. Sagen Sie zu mir ruhig nur ›Raiffeisen‹, ich komme jetzt wohl von Mayen überm Rhein, aber geboren und aufgewachsen bin ich nicht weit von hier, in Hamm.«

Das Essen schmeckt ausgezeichnet und ist reichlich, aber sonst macht das Pfarrhaus einen bescheidenen Eindruck. Die Hausfrau strahlt Güte und Freundlichkeit aus, eine schlichte, einfache Frau und liebende Gattin. Das Familienleben ist vom christlichen Geist durchdrungen. Bald ist das Gespräch bei der großen Armut der Einwohner. Pfarrer Schmidtborn meint, daß die Armut die Herzen verhärtet. Raiffeisen hört gerne zu, aber wünscht, möglichst bald das Bürgermeisteramt zu sehen. »Lisbeth«, ruft der Vater, »du könntest dem Bürgermeister das Amt und die Wohnung zeigen. Der Schlüssel müßte beim Polizeidiener Brandt sein.« Frau Schmidtborn sagt beim Abschied: »Bis Sie sich eingerichtet haben, dürfen Sie gerne bei uns wohnen, ich werde Ihnen gleich ein Zimmer für die Nacht zurechtmachen.«

Die Hütte des Polizeidieners war nur einige Häuser vom Amt entfernt. Herr Brandt war sehr überrascht. Von einem neuen Bürgermeister sei ihm nichts mitgeteilt worden. Frau Brandt kam auch an die Tür; sie war, wie er, leicht angetrunken. Lisbeth ging mit den beiden Männern hinüber. Herr Brandt entschuldigte sich sehr, daß das Bürgermeisteramt jetzt nicht gerichtet sei. Das konnte Raiffeisen auch gleich selbst feststellen. In der Amtsstube war es muffig und feucht. Eine Staubschicht bedeckte so ziemlich alles. Ein Stapel Briefe lag ungeöffnet neben vielen Stößen von Akten. Nachdem sie noch die Wohnung im Obergeschoß angeschaut hatten, ging Lisbeth zum Pfarrhaus zurück.

Trotz der Kälte setzte sich Raiffeisen in den Sessel, der am Schreibtisch stand. »Herr Brandt, ist hier niemand zum Saubermachen und Heizen da?« – »Doch, doch, meine Frau, sie hat nur gerade wieder Rheuma, und warum soll man heizen, wenn kein Bürgermeister da ist? Wenn Sie es wünschen, wird ab morgen geheizt. Wann soll sie denn anheizen?« – »Ich werde um 7 Uhr anfangen.« – »Ihre Vorgänger kamen erst um 9 Uhr ins Amtszimmer, aber wenn es unbedingt sein muß, wird es sich schon machen lassen.«

»War denn niemand da, um die Geschäfte in Abwesenheit eines Bürgermeisters weiterzuführen? Gibt es denn keinen Schreiber oder Gehilfen hier?« – »Der Ortsvorsteher von Weyerbusch ist angefragt worden, aber nur wenige der älteren Einwohner hier können lesen und schreiben, und so mußte er immer den Lehrer kommen lassen. Der Steuereinnehmer Schreiner verwahrt die Gemeindekasse.«

»Und was ist eigentlich Ihre Aufgabe, Herr Brandt?« – »Die Gesamtgemeinde Weyerbusch ist ein Gesamtbezirk von 22 Ortschaften. Schon allein die Briefe und Mitteilungen an die Ortsvorsteher zu bringen, füllt mich aus. Dazu muß ich überall für Ordnung sorgen und viele kleine Botengänge machen. Auch das Brennholz für das Amt muß ich herbeischaffen.«

Er hatte Brandt zum Reden gebracht, und jetzt konnte er kaum ein Ende finden. So erfuhr Raiffeisen recht viel über seine neue Tätigkeit. Nach einiger Zeit meinte Brandt, daß er nun genug gesagt habe, und fragte vorsichtig, ob er jetzt gehen dürfe. »Ja, lieber Brandt, gehen schon, aber sagen Sie noch dem Ortsvorsteher in Weyerbusch, dem Lehrer und dem Steuerkassierer Bescheid, daß ein neuer Bürgermeister gekommen ist, der sie morgen gerne sprechen möchte. Auf eine gute Zusammenarbeit, Herr Brandt, bis morgen.« – »Auf Wiedersehen, Herr Bürgermeister, wie war noch Ihr Name?« – »Raiffeisen.« – »Also, Bürgermeister Raiffeisen.«

Raiffeisen öffnete die Briefe, staubte die Aktendeckel ab, las, was daraufstand, und bei Einbruch der Dunkelheit schaute er sich nach der Öllampe um. Das Glas war verrußt und im Eisenofen kein Feuer, mit dem er den Docht hätte anzünden können. »Nur gut«, sagte er vor sich hin, »daß ich vorerst im Pfarrhaus wohnen kann.«

Er machte sich auf den Weg dorthin. Die Pfarrfrau versprach, ihn gut zu versorgen und sein Zimmer abends zu heizen. »Für eine

Lampe ist auch gesorgt«, sagte sie. Nach dem Essen (und noch an manchem Abend in diesem Winter) saß er mit der Familie zusammen in der Stube. Schmidtborn und er unterhielten sich, während die Frauen mit Handarbeiten dabeisaßen. Er hatte ja so viele Fragen.

Unterwegs im Amtsbezirk

Voller Tatendrang beginnt Raiffeisen am nächsten Morgen seine Arbeit. Er trifft, bespricht und berät sich mit den Ortsvorstehern, dem Lehrer und Pfarrer. Schon am zweiten Tag besucht er trotz Schnee den Vorsteher Becker in Hilgenroth. Nach kurzer Zeit hat er alle 22 Ortschaften aufgesucht. So lernt er die schlechten Wegverhältnisse kennen. Schnell hat er sich auch im Amt eingearbeitet und es entsprechend seinen Wünschen eingerichtet. Schon hat er Pläne. Sein Ziel ist, seinen Bezirk aus der mittelalterlichen Abgeschlossenheit und Rückständigkeit herauszureißen, dem Verkehr zu erschließen und dadurch wirtschaftlich und kulturell zu heben. Der junge Bürgermeister von 27 Jahren geht mit Ernst und Eifer ans Werk, mit einer Energie und Sicherheit in Urteil und Blick, daß selbst der widerborstige unter den Westerwälder Dorfältesten ihm seine Anerkennung und, was noch wichtiger ist, seine Unterstützung nicht versagen kann.

Dem Rat des Pfarrers folgend, ging er in die Dörfer und Häuser, um sich von der Not und Armut selbst ein Bild zu machen. Meist waren es armselige Hütten mit eingesunkenem Balkenwerk, schiefen Wänden mit abgefallenem Verputz, eingedrückten Strohdächern, durch welche sich der Rauch der Feuerstelle drückte. Nur ganz wenige, etwas stattlichere Bauernhäuser, hatten schon einen Kamin. Die Leute wunderten sich, daß ein Herr von der Regierung in die Häuser ging, sich an den Tisch setzte, mit ihnen sprach und sich Stall und Scheune zeigen ließ. Sie hatten keine Hoffnung, daß sich ihre Not ändern könnte. Er fühlte sich oft als unerwünschter Gast. Er hatte noch keinen Weg zum Herzen dieser Menschen gefunden. Er suchte ihr Vertrauen. Nur gut, daß er im Pfarrhaus Gehör und Verständnis fand.

Tauwetter setzte ein, und erst jetzt merkte Raiffeisen, in welch katastrophalem Zustand sich die Verbindungswege der Ortschaften seines Bezirkes befinden. Er entwickelte einen Straßenbauplan, besprach sich mit dem Steuerkassierer Gerhard Schreiner und setzte die Sache auf die Tagesordnung des Gemeinderats.

»Es ist wieder ein Schulkind gestorben«, sagte Schmidtborn beim Abendessen. »Der Vater, ein Taglöhner, war da. Die Beerdigung findet am Freitag statt. Der Vater war eher erleichtert, daß er nun einen Esser weniger durchzubringen hat. Das Kind kränkelte schon seit Monaten. Den Arzt konnte er sich nicht leisten. Es war eine Lungenkrankheit.« Nach einigen Minuten sprach er weiter. »Auch Lehrer Weiher war da, er war sehr bekümmert und sagte immer wieder: ›Die Emilie hat sich die Krankheit in der Schule geholt, sie hätte nicht sterben brauchen.‹ Vor vielen Jahren hatte Weiher gehofft, daß ein ordentliches Schulhaus gebaut würde. Dann hat die Gemeinde ein altes Bauernhaus billig ersteigert und ein paar Wände herausgenommen. Für 70 Kinder ist der Raum aber viel zu klein, dazu feucht und kalt.«

Gleich am Montag darauf ging Raiffeisen zur Schule und setzte sich auf den Platz des verstorbenen Mädchens. Einige Kinder kamen ganz durchnäßt an, sie waren beinahe eine Stunde unterwegs gewesen. Nach der Andacht forderte Lehrer Weiher den Bürgermeister auf, einige Worte an die Kinder zu richten. »Gott zum Gruß, ihr lieben Kinder! Auch mich hat der Tod eurer Mitschülerin arg betroffen. Eben haben wir gesungen: ›Ich bete an die Macht der Liebe, die sich in Jesus offenbart.‹ Gott, unser Vater im Himmel, liebt euch Kinder. Wir dürfen ihn bitten, daß er uns Kraft gibt zum Lernen und zum Arbeiten, aber daß er uns auch hilft, schlimme Zustände zu ändern.« Raiffeisen setzte sich wieder und blieb den ganzen Vormittag dort. In der Pause stellte er Fragen an die Schüler. Lehrer Weiher bat er zu einem Gespräch ins Amt.

Noch am Nachmittag mußte Polizeidiener Brandt los und die Einladungen zur Gemeinderatssitzung austragen. Einziger Tagesordnungspunkt: die Schule.

»Die Schule zu Weyerbusch ist ein Loch«, beginnt Raiffeisen die Sitzung, »in dem die Wände vor Feuchtigkeit schimmeln und die Kinder sich erkälten, einander anstecken und Krankheitskeime mit nach Hause schleppen. Ich habe mich selbst davon überzeugt. Die Fenster sind klein, und es ist dunkel im Klassenzimmer. Kein Wunder, daß Lehrer Weiher resigniert, und wenn der Schulinspektor dagewesen wäre, hätte dieser den Schulraum längst verboten. Sicher hat sich die kleine Emilie, und wahrscheinlich viele Kinder davor, den Tod in der Schule geholt. Emilie hätte nicht zu sterben brauchen. So können die Kinder keine Freude an der Schule haben. Nein, so kann es nicht weitergehen. Wir brauchen eine neue Schule!«

Die Vorsteher und der Gemeinderat haben viel Einwände. »Und wer bezahlt den Bau, Herr Bürgermeister?« – »Es wäre besser, man würde das Geld den Armen geben!« – »Sie haben ja gar nicht gesagt, wieviel das kostet.« Großer Zweifel herrscht bei den meisten. Manche sagen es offen: »Das ist ganz unmöglich.«

Der Bürgermeister läßt nicht locker. »Der beste Kampf gegen die Armut ist eine gute Schulausbildung der Kinder und eine gesunde Jugend, die die Arbeitskräfte im Dorf erhält. Was das Geld anbetrifft, helfen wir einfach zusammen. Die Bauern fahren mit ihren Gespannen Ziegel, Sand, Steine und Kalk, die Maurer und Zimmerleute arbeiten kostenlos. Das Holz schlagen wir im Gemeindewald, und die Steine holen wir im Steinbruch. Die Taglöhner erhalten einen kleinen Tagessatz aus der Gemeindekasse. Ich selbst lege gern jeden Monat einen Teil von meinem Geld dazu.«

Noch lange wird heftig diskutiert. Auch Leute, die sonst kaum einmal etwas sagen, melden sich zu Wort. Die Gleichgültigkeit vieler wechselt in rege Beteiligung. Manchmal geht der Wortwechsel durcheinander. Hannes Becker aus Hilgenroth steht auf. Um das Wort zu bekommen, muß er sich erst bemerkbar machen. »Ich bin der älteste Vorsteher in der Gesamtgemeinde Weyerbusch. Ich bin auch nicht für jeden neuen Kram. Aber sollen wir uns von dem jungen Bürgermeister beschämen lassen? Ich sage: Wir brauchen eine neue Schule, und wir werden es auch schaffen.«

Es wird abgestimmt: einstimmig dafür. Ein Sieg für Raiffeisen, aber auch viel Arbeit. Auf einem Gemeindegrundstück wird ein Platz abgesteckt. Bis tief in die Nacht entwirft er selbst die Pläne und rechnet die Materialkosten aus. Am Tag verhandelt er mit den Handwerkern, gibt Anweisungen, bringt selbst die Pläne zum Landrat nach Altenkirchen. Mit dem gemeinsamen Ziel, er immer voran, versteht er es, Menschen zu einer Arbeitsgemeinschaft zu vereinen, die vorher keinen Kontakt untereinander hatten.

Verlobung

Anfang April schreibt er an seinen Freund Karl Bungeroth, den »Bommler«, der inzwischen als Pfarrer von Dierdorf auf dem Westerwald nicht allzuweit entfernt wohnt:

Ich sitze hier in der Einsamkeit der Wälder und Moore wie ein Gefangener. Wenn ich abends noch durch das Dorf gehe und in der Wirtschaft die Leute sitzen sehe, wie sie gröhlend im Branntwein ihr einziges Glück suchen, dann fühle ich es besonders schwer, anderes menschliches Schicksal zu wenden. Ich habe eine kleine Schrift über die Schändlichkeit des Branntweins verteilt; erst danach fiel mir ein, daß die, welche es am meisten nötig hätten, gar nicht lesen können.
Wenn ich dann im sinkenden Abend allein am Rand des Föhrenwaldes entlang gehe, ruft nur höhnisch ein Käuzchen, und kein einziger Mensch sucht und erwartet mich.
Lieber »Bommler«, aus dieser Stimmung heraus wirst du meine Bitte verstehen: Mach dich für ein paar Tage frei und besuche mich in Weyerbusch! Wir wollen dann gemeinsam bis nach Hamm hinüberwandern und heimkehren in die Tage unserer glücklichen Jugend ...

Statt einer Antwort kam Karl Bungeroth selbst, schon eine Woche später. Mit ihm konnte er über alles sprechen. »Ich glaub, die Lisbeth Schmidtborn macht sich Hoffnungen, und die Pfarrfrau sähe es wohl auch nicht ungern, wenn ihre Tochter Frau Bürgermeister würde. Es ist ein fleißiges und liebes Mädel. Du hast sie ja beim Mittagstisch selbst kennengelernt. Sie hat mir die ersten Blumen in mein Zimmer gestellt und sie ist auch besorgt, daß meine Amtsstube ordentlich sauber und freundlich ist. Wir unterhalten uns auch ganz gut.«

»Ja, Miles, willst du sie nicht heiraten?« fragte »Bommler« harmlos.

»Vor einigen Wochen ist hier eine Schülerin an Lungenentzündung gestorben, das gab den Anlaß zum Schulneubau. Sie hieß Emilie. Das hat mich deshalb so mitgenommen, weil die Apothekerstochter von Remagen auch so heißt. Du kennst sie wohl. Sie lernte den Haushalt bei ihrer Tante Krahn in Winningen und war mal bei den Euterpianern dabei. An sie denke ich oft.«

»Dein Vertrauen ehrt mich, lieber Miles, und ich kann dich gut verstehen, daß du hier als Bürgermeister eine Frau brauchst und dich nach einem lieben Geschöpf sehnst, mit dem du deine Gedanken und alles teilen kannst. Aber in Sachen Liebe und im Bereich der Gefühle ist auch unter Freunden schlecht zu raten. Da mußt du dich schon selbst entscheiden.«

Raiffeisen schreibt also an Emilie Storck in Remagen, in der Hoffnung, »daß der Freundschaftskranz für uns beide ewig blühen möge«, und drückt diesen Wunsch noch besonders auf einem Schmuckkärtchen aus. Fürs Frühjahr stellt er einen Besuch in Remagen in Aussicht und klagt über seine Vereinsamung in Weyerbusch. Ende Mai nimmt er Urlaub zu einer Fahrt an den Rhein. Im Maiengrün und Blütenzauber von Remagen wird auch gleich Verlobung gefeiert.

Die Pflicht ruft den Bräutigam wieder auf den Westerwald zurück. Die Arbeit geht ihm jetzt mit besonderer Freudigkeit vonstatten. Manche Liebesbriefe werden geschrieben. Ein Brief ist datiert:

Weyerbusch, den 24. Juni 1845, morgens 5 Uhr.

... du, mein liebes Bräutchen, liegst jetzt jedenfalls noch bis über die Ohren unter der warmen Decke (bei uns ist es kalt heute morgen), während ich hier an meinem Tisch sitze, schreibe und Wasser trinke. – Aller Anfang mit Gott! – Wenn ich meine Stille Zeit mit ihm habe, bin ich bei dir als dem Teuersten, was ich auf Erden besitze. Es wird dann in meiner Seele so ruhig und friedlich, und ich kann so klar zum Herrn da droben schauen, daß ich überzeugt bin: Er ist mit uns, segnet uns und wird uns stets beschützen. Mit ihm wollen wir alles anfangen und vollenden; damit wird gewiß alles gut.

Richtfest

Der Schulneubau fordert ihn ganz. Nach der Getreideernte wird Richtfest gefeiert. Damit das ganze Dorf die Bedeutung des Baus als eines gemeinsamen Neuanfangs empfindet, ordnet der Bürgermeister ein großes Fest an. In einem Brief an seine Braut vom 5. September 1845 schreibt er:

Die ganze Woche hindurch war ich mit einer gestern hier stattgehabten großen, brillanten Festlichkeit beschäftigt. Es wurde das Richtfest für ein neues Schulhaus gefeiert. Es ging alles ganz herrlich, und der gestrige Tag war ein sehr lohnender und glücklicher für mich.
Ich hatte den Landrat und die mir liebsten Bekannten aus der Umgegend eingeladen, welche sich auch einfanden. Um 4 Uhr war der Aufschlag beendigt. Ich hatte einen sehr schönen, großen Richtkranz nach meinem Geschmack putzen lassen, welchen ich selbst ausschmücken half. Er gelang sehr schön. Musikanten eröffneten den von mir auf folgende Weise arrangierten Zug, welchen ich vor dem alten Schulhaus, welches am Ende des Dorfes nach Altenkirchen zu liegt, aufstellte: Hinter den Musikanten waren die Zimmerleute und Maurer, ihre Meister an der Spitze, aufgestellt. Dahinter kamen Pfarrer Schmidtborn und ich, dann meine Beigeordneten und vier Schöffen. Hinter dem Kranz, von vier Mädchen aus der Schule getragen, kam der Lehrer, und danach die vier Schöffensfrauen mit den Schulmädchen und zuletzt die Schulknaben. Im ganzen nahmen 170 Personen teil, die zwei und zwei hintereinander gingen. Nachdem alles geordnet war, bewegte sich der Zug langsam und feierlich nach dem neuen Schulhaus, gefolgt von vielen hundert Menschen aus der ganzen Umgegend. Vor dem Schulhaus angekommen, wurde alles ordentlich aufgestellt. Die Schulkinder sangen unter Begleitung der Musik den ersten und den letzten Vers von dem schönen Liede: »Nun danket alle Gott«, welches meine Lieblingsmelodie ist. Hierauf hielt der Pfarrer Schmidtborn eine schöne, passende Rede, worin mir gedankt wurde. Ich nahm diesen Dank an, dehnte denselben auf den neben mir stehenden Landrat aus, dann auf die Schöffen und die sämtlichen Gemeindemitglieder, welche so fleißig mitgearbeitet hatten.

Ich sah das schöne Werk, welches so wohl gelungen war, fast vollendet vor mir. Die meisten Anwesenden sahen mit Dank auf mich; und ich wurde so gerührt, daß ich die wenigen Worte kaum hervorbringen konnte. Ich dachte dabei an Dich, liebe Emilie, und ich war gewiß in diesem Augenblick einer der glücklichsten Menschen auf der Welt. Das belohnende Gefühl, etwas Gutes gewirkt zu haben, dieses dankbar anerkannt zu sehen und dabei glücklich mit Dir zu sein, erfüllte mich mit dem tiefsten Dank gegen Gott, welcher mir so liebreich beigestanden ist. Nachdem ich schwieg, trat eines der Schulmädchen hervor und sagte ein kleines Gedicht auf. Sie dankte mir im Namen der Schulkinder und versprach für dieselben, im neuen Schulhaus recht artig und fleißig zu sein. Hierauf wurde der Kranz den Zimmerleuten übergeben. Landrat, Pfarrer und ich sowie die Zimmerleute und Maurer wurden nun von den Schulmädchen mit Sträußen, welche uns an die Jacke gesteckt wurden, geschmückt. Ich bekam einen sehr schönen Rosenstrauß mit vier Bändern über eine halbe Elle lang und sah aus wie ein Bräutigam. Die sämtlichen Handwerker bekamen je ein Halstuch, ein Päckchen Tabak und eine Pfeife. Alle diese Sachen hatten an dem großen Kranz gehangen, welcher nun erleichtert von den Zimmerleuten auf den Bau gezogen und oben an der Spitze befestigt wurde. Einige Brezeln wurden noch unter die Kinder geworfen, um welche sich diese dann stritten.
Zum Schluß hielt dann der Zimmermeister noch eine Rede und trank auf unsere Gesundheit. Der letzte Teil der Festlichkeiten war sehr lustig und heiter. Die Musik spielte dazwischen, und es ging alles, ungeachtet der großen Menschenmenge, sehr anständig her. Der Landrat und ich eröffneten hierauf festlich geschmückt wieder den Zug. Die Musik spielte einen lustigen Marsch, und alles folgte uns in einem langen Zuge. Vor meiner Wohnung stellte sich die Musik auf, bis meine Gäste eingezogen waren. Dann ging sie mit den Handwerkern zum Gasthof Bischoff, wo ein Ball stattfand. Meine Gäste blieben bis nach 9 Uhr bei mir. Wir waren außerordentlich heiter; es wurde mir aber auch mein ganzer Weinvorrat ausgetrunken. Höchst zufrieden mit den Festlichkeiten legte ich mich um 10 Uhr, glücklich wie ein König, zu Bette ...

Da die Hochzeit Raiffeisens am 23. im gleichen Monat, weit weg in Remagen, stattfindet, steht das Richtfest in der Gemeinde Weyerbusch für ein vorweg gefeiertes Hochzeitsfest.

Straßen für Weyerbusch

Ein altes Wort sagt, man erkenne einen Fürsten an den Straßen seines Landes. Das gilt auch im kleinen von dem Verwaltungsbeamten, der nirgends so schnell und vorzeigbar eine dauernde Wirksamkeit erzielen kann wie beim Wegebau. Hier wird Raiffeisens Energie erkannt. Die Auseinandersetzung mit den Beteiligten (der Regierung, den Gemeinden und den Landeigentümern) sowie die Aufbringung und Verteilung der Geldmittel erfordern viel Geschick und Umsicht. Der Bürgermeister ist gleichzeitig Finanzminister seines Bezirkes, er muß die Beschlüsse der Gemeinderäte zu lenken wissen. Die Anlage und Ausführung bedarf einer steten und sehr strengen Beaufsichtigung. Raiffeisen hat nicht nur einen überaus klaren Blick für die Bedürfnisse seines Bezirkes, er hat auch die Energie, das als notwendig Erkannte durchzusetzen. Trotz seiner jungen Jahre besitzt er die erforderlichen Kenntnisse und Geschäftsgewandtheit. Die Gemeindewege wurden früher im Bezirk Weyerbusch mit Fichtenzweigen und Kartoffelstroh ausgebessert. Raiffeisen läßt jetzt die alten »Naturwege« gründlich ausbauen und plant unaufhörlich neue.

Kinder

Über den 2. August 1846 schreibt Vater Raiffeisen beinahe 40 Jahre später: »Es war ein wunderschöner Augustmorgen, als mir der liebe Gott mein erstes Kind, die liebe Amalie, schenkte. Ich weiß es noch wie heute, wie ich morgens um 6 Uhr in meiner einfachen, von Bohnen umrankten Laube saß, Gott für dieses Geschenk dankte und seinen reichsten Segen auf sie herabflehte.« Sie hat ihm immer viel Freude gemacht. Sie war ihm eine liebevolle Stütze, ein treues Kind, eine gute Beraterin bei Sorgen aller Art und ein Trost in trüben Zeiten.

Kinder: Rudolf und Amalie stehend, Bertha und Karoline (Lina) vorne sitzend.

Der ersten Tochter folgen in ziemlich rascher Reihenfolge noch sechs Kinder; drei davon leben nur wenige Monate. Der Mutter Wunsch, alle ihre Kinder am gleichen Ort zur Welt zu bringen, erfüllt sich nicht.

Die junge Mutter füllt das Haus des in strenger Arbeit stehenden Bürgermeisters mit Leben und traulichem Behagen. Emilie ist eine liebenswürdige, schlichte und einfache Frau, eine liebende und geliebte Gattin und eine sich aufopfernde Mutter für ihre Kinder. Sie erfüllte Raiffeisens Wunsch nach einem stillen, friedlichen, von christlichem Geist durchdrungenen Familienleben. Ordnung und frühe Gewöhnung an Arbeit und Übernahme von Verantwortung war eines seiner Erziehungsziele für seine Kinder.

Freiheit für das Volk

Die preußische Reform hob durch das Edikt von 1807 die Leibeigenschaft der Bauern auf. Jahrhundertelang war auf dem Westerwald auch Warenaustausch praktiziert worden. Der Landesherr nahm dem Volk die Entscheidung ab. Mit der neuen Situation nach der Reform kamen viele noch nicht zurecht. Jetzt mußten sie erst ihre Erzeugnisse in Geld umwandeln, um die Steuern zahlen und ihren Bedarf an Kleidung, Hausrat und Geräten für den Hof decken zu können.

Da es auf dem Land keine Banken gab, boten sich private Händler als Geldvermittler an. Sie profitierten bei Tausch, Krediten und Kommissionen 200 bis 300 Prozent. Bald nach Amtsantritt macht Raiffeisen sich bei den Geldverleihern seines Verwaltungsbezirks unbeliebt. Er sagt ihnen unmißverständlich den Kampf an. Wie aber diesem Wucher beizukommen ist, weiß der junge Bürgermeister noch nicht, denn es gibt keine gesetzlichen Möglichkeiten.

Hungersnot

Auf dem Westerwald gibt es schon seit 1846 große Sorgen. Der andauernde Regen verhindert das Wachstum des Getreides. Das schlechte Wetter verdirbt die Kartoffelernte. Die kleinen Knollen

Das Erinnerungsblatt an die Jahre der Not 1846 und 1847 zeigt, wie Hilfe durch den Brotverein in Weyerbusch geschaffen wurde. Die Darstellung am Fuße des Blattes zeigt den Erfolg gemeinsamen Bemühens. Am Ufer des Rheins, vor dem Ehrenbreitstein, wird die ankommende Ware mit barem Geld bezahlt. Vermutlich stellt die jugendliche Gestalt in der Mitte den 28jährigen Raiffeisen dar.

faulen schnell. Das Getreide wächst auf dem Halm oder in den Hocken auf dem Felde aus. Feucht heimgebrachte Garben schimmeln, bevor sie im Winter gedroschen werden können.

Frauen und Kinder ziehen durch die Wälder, um Bucheckern und Eicheln sowie Beeren und die Blätter der wilden Zichorie zu sammeln. Der Winter kommt sehr früh. Bettelnde Kinder streifen umher. Nicht wenige bleiben im hohen Schnee stecken und erfrieren elendig. Manche Nacht zieht Raiffeisen mit einer Gruppe von Männern und mit Laternen ausgerüstet hinaus, um vermißt gemeldete Menschen zu suchen. Keine Spur ist zu finden; dafür gibt es Spuren, die auf Wölfe hindeuten.

Der Mangel führt zur Teuerung. Aus dem ganzen Kreis kommen Leute nach Altenkirchen, um vor den Bäckereien Schlange zu stehen. Manche gehen zuerst zum Geldverleiher und lassen dafür einen Acker verpfänden.

Raiffeisen schreibt an die vorgesetzten Ämter in Altenkirchen und Koblenz und schildert die Notlage seiner Gemeinde: »Unter diesen Umständen müssen wir mit einem großen Mangel an Nahrungsmitteln oder gar mit einer Hungersnot rechnen, die die Leute nicht aus eigener Kraft überwinden können. Als Bürgermeister muß ich die Obrigkeit auf diese Situation aufmerksam machen und Sie bitten, Vorkehrungen zu treffen.«

Der Preußenkönig, Friedrich der Große, hatte ja nach den Hungersnöten gegen Ende des 18. Jahrhunderts Kornhäuser und Magazine angelegt, um in Notzeiten helfen zu können. Wie einst Joseph in Ägypten hatte der König Vorsorge für die »sieben mageren Jahre« getroffen. Das war eine Maßnahme ganz im Sinne der hausväterlichen Fürsorge des Regenten für seine Untertanen.

Aber Raiffeisens Briefe finden kein Echo. Er fährt selbst nach Altenkirchen. Der Landrat bestätigt, daß die Regierung mit Hilfsmaßnahmen erst später einsetzen will. »Aber schreiben Sie doch einen Bericht von der akuten Not. Schildern Sie, wie es in Ihren Dörfern aussieht.« Raiffeisen verspricht, nach der Rückkehr sich umgehend daran zu machen. »Noch eines, Herr Landrat, ich habe mich gerade auch vor einem Bäckerladen in die Schlange eingereiht und gesehen, wieviel Brot gehamstert wird. Könnten Sie nicht veranlassen, daß nur ein Laib Brot täglich an eine Familie abgegeben wird?« Der Landrat verspricht es.

Spätabends erst kommt Raiffeisen nach Hause. Er erzählt Emilie, was er in Altenkirchen erreichen konnte. »Auf dem Heimweg bin ich gleich in einige Häuser gegangen und habe mir Notizen für meinen Bericht gemacht. Bei der Familie Müller war ein Kessel mit Suppe über dem Feuer. Die Frau wollte mir nichts davon geben, es wäre nur Zichorienblätter und Rindenmehl darin. Die Kinder weinten. Der Vater sagte, daß die Suppe eine Zeitlang ein Sättegefühl gäbe. Als ich dann doch etwas von dem bitteren Zeug versuchen konnte, hätte ich mich beinahe erbrochen. – Und wie sieht es mit unseren Vorräten aus?«

»Die nehmen auch rapide ab, nachdem wir den Kindern von Weyerbusch täglich eine Mahlzeit verabreichen«, entgegnete Emilie. »Frau Pfarrer und die Lehrersfrau helfen mit. Seit gestern haben wir die Kinder aufgeteilt. Aber wie man den Kindern der anderen Ortschaften des Bezirks helfen kann, das weiß ich auch nicht.«

Schon nach zwei Tagen ist Raiffeisen wieder in Altenkirchen und kann dem Landrat einen ausführlichen Bericht mit vielen Einzelbeispielen vorlegen. Nochmals wird die Bitte um sofortige Hilfe nachdrücklich ausgesprochen.

Erste Hilfe

Gute Nachricht kann ihm der Landrat beim nächsten Besuch in Altenkirchen geben. Aus den königlichen Magazinen werden der Gemeinde Weyerbusch 150 Scheffel Brotmehl zugeteilt. Das Mehl ist in Fässer gestampft und kommt vom Rhein herauf. Bis Donnerstag kann die Ladung in Altenkirchen abgeholt werden. Raiffeisen könnte dem Landrat um den Hals fallen, aber er beherrscht sich. Erst auf dem Weg durch den Wald macht er Bocksprünge, kräht und ahmt Tiere nach, wie er es oft in der Jugendzeit getan hat. Wo er durch seine Dörfer kommt, ruft er den Leuten zu, was ihm selbst noch wie ein Märchen klingt.

Am nächsten Morgen muß der Polizeidiener Brandt gleich alle Ortsvorsteher benachrichtigen. Gespanne müssen bereitgestellt werden. Wege sind vom Schnee freizuschaufeln. Die Vorsteher haben Listen der bedürftigen Familien anzufertigen und am Freitag zur Verteilsitzung mitzubringen. Raiffeisen fährt am Freitag mit dem ersten Schlittengespann. Er überwacht die Übergabe der Fässer. Das Schreiben aus Koblenz steckt er wie ganz beiläufig ein und bedankt sich beim Landrat für die großzügige Hilfe.

In Weyerbusch gibt es genug willige Helfer zum Abladen. Frauen und Kinder stehen dabei. Manche Freudenträne kullert in den Schnee. Endlich kann Raiffeisen sich ausruhen. Seine Frau Emilie holt ihn herauf, hilft ihm beim Ablegen der schweren Winterkleider und sorgt, daß er bald ein warmes Essen bekommt. Die letzten Wochen haben ihn sehr angestrengt. »Du siehst sehr blaß und übermüdet aus. Geh doch heute einmal früher zu Bett. Morgens kann ich dich sowieso nicht halten!« Er sieht es ein und gehorcht seiner Frau.

Am nächsten Morgen fällt ihm der Umschlag vom Landrat ein. Den Inhalt muß er zweimal lesen. Er hatte sich die Zuteilung etwas anders gedacht.

Hiermit werden durch Erlaß der königlichen Regierung dem Gemeindebezirk Weyerbusch auf dem Westerwald als einem besonderen Notstandsgebiet 150 Scheffel Mehl aus den königlichen Magazinen zugeteilt. Das Mehl möge sofort insgesamt an zahlungsfähige Leute gegen bar zur Verteilung kommen und das Geld zusammen mit der Abrechnung baldmöglichst an den hiesigen Ort gegen ordnungsgemäße Quittung abgeführt werden. Über den Vorgang der Verteilung ist ein besonderer Bericht noch hier vorzulegen.
Erlassen am 31. Januar 1847. Siegel und Unterschrift.

Er hat nicht mehr viel Zeit, um darüber nachzudenken. Die ersten Ortsvorsteher sind schon da. Er liest den Erlaß der Versammlung vor. »Habt Ihr gut zugehört, meine Freunde? Nur an Zahlungsfähige soll das Mehl verteilt werden. Und was geschieht mit den armen Leuten? Mit denen, welche keinen Silbergroschen mehr besitzen? Das kann doch nicht im Sinne der Regierung sein. Eine Hilfe muß doch alle Betroffenen erfassen, sonst verstößt es gegen das Gebot der Gerechtigkeit. Denken hier nicht alle so?

Was sollen wir also tun?« Er fährt selbst fort. »Ich habe einen Plan. Wir gründen eine Armenkommission. An die Bedürftigen verteilen wir das Mehl auf Vorschuß. Die Rückzahlung kann dann auf einen festgesetzten Zeitpunkt erfolgen. Wir können gleich eure Listen durchgehen und den Anteil für jede Familie festsetzen.«

Die Vorsteher bilden die Armenkommission. Sie sind alle mit dem Vorschlag einverstanden. Jeder bekommt seinen Teil, und vorerst ist die Not gebannt.

Als er Emilie davon berichtet, ist sie hell entsetzt. »Du mußt doch das Geld abliefern, und was willst du dem Landrat sagen, wenn du es erst nach Monaten bringen kannst?« – »Die Vorsteher waren auch einverstanden. Ich habe so gehandelt, wie ich es vor Gott verantworten kann. Ihm bin ich letztlich Rechenschaft schuldig. Ich schreibe einen Bericht für die Regierung, gerade so, wie wir es gemacht haben.«

So bringt er den Bericht über die Verteilaktion zum Landrat. Der liest ihn, während Raiffeisen wartet. »Wie alt sind Sie eigentlich?« – »Ich werde bald 29, Herr Landrat.« – »Ich bin doppelt so alt wie Sie, mir ist aber noch niemals eingefallen, eine Anordnung der Regierung willkürlich zu ändern. Sie sind verheiratet und sollten an Ihre Familie denken. Wissen Sie, was dies hier für Sie bedeutet?« – »Entlassung aus dem Dienst. Aber was hätte ich den hungernden Menschen sagen sollen, die kein Geld zum Bezahlen hatten?« – »Sie hätten sich zuerst neue Anweisungen einholen sollen. Ich will Ihnen etwas sagen, lieber Raiffeisen: Ich schicke Ihren Bericht jetzt nicht weiter nach Koblenz, aber Sie haften voll für diese eigenwillige Aktion. Sollten Sie das Geld nicht bis April abliefern können, muß ich der Regierung den ganzen Sachverhalt vortragen.«

Brotverein

Niedergeschlagen und ohne Hoffnung auf weitere Hilfe der Regierung verläßt er Altenkirchen. Vor sich sieht er die hungernden Menschen des Weyerbuscher Bezirks. Die akute Not wird noch weit über den Winter hinaus andauern. Es muß einen Weg für die weitere Hilfe geben. Plötzlich kommt ihm die Idee. Da keine Hilfe von außen mehr zu erwarten ist, müssen sie es gemeinsam mit eigener Kraft schaffen. Er beruft die Armenkommission ein.

»Liebe Mitarbeiter, ohne eure Hilfe wäre es nicht möglich gewesen, das Mehl der Regierung so schnell und gerecht zu verteilen. Dafür danke ich euch. Der Mensch allein ist nichts, erst viele zusammen können mit ihrer Kraft Taten vollbringen, die zuerst unmöglich erscheinen. Ihr wißt, daß wir für die kommenden Monate noch etwas unternehmen müssen, um über die Hungerzeit hinwegzukommen. Erst die neue Ernte wird den Westerwald hoffentlich von der Katastrophe befreien. Von der Regierung können wir nichts mehr erwarten. Der Hunger herrscht in ganz Deutschland. Wir müssen selbst Mehl beschaffen.«

»Leicht gesagt, aber wie stellen Sie sich das vor? Niemand wird uns auf Kredit Getreide verkaufen. Oder sollen wir Geld beim Wucherer ausleihen?«

Das Backhaus in Weyerbusch wurde 1945 durch Bomben zerstört. 1953 ist es in alter Form wieder errichtet worden.

»Ich denke, daß alle Mitglieder der Armenkommission noch einige Taler besitzen, die sie ohne Not entbehren können. Dann könnten wir auch noch wohlhabende Leute in unserem Bezirk um eine Beteiligung bitten. Mit dem Geld können wir dann Mehl kaufen und es weitergeben. Die Rückzahlung erfolgt nach der Ernte.«

»Und wer garantiert uns, daß wir das Geld wieder zurückerhalten?«

»Die Bürgschaft ist das Fundament meines Planes. Wir müssen so viel gegenseitiges Vertrauen aufbringen. Die notleidenden Bauern und Tagelöhner haben doch alle wenigstens einen kleinen Besitz, den sie als Bürgschaft einsetzen können. Die Armenkommission verwaltet das Geld, so daß der einzelne nichts mit den

Schuldnern zu tun hat. Die Rückzahlung erfolgt im Herbst. Ich mache den Anfang und leihe der Armenkommission mein Geld.«

Viele Ortsvorsteher schließen sich dem neuen Unternehmen an. Weitere Einwohner geben ihre Ersparnisse der Kommission. Das Vertrauen in die gemeinsame Aktion wächst. Schon sind es über 60 Beteiligte bei dem neuen Unternehmen. Raiffeisen hatte nicht zu träumen gewagt, daß sich seine Pläne so schnell verwirklichen sollten.

Mit Hannes Becker, dem Vorsteher von Hilgenroth, reist er nach Köln, kann bei einem Bankhaus nach langen Verhandlungen ein Darlehen zur Aufstockung des »Kapitals« der Beteiligten erhalten und bestellt bei einem Getreidehändler zu einem sehr günstigen Preis 200 Scheffel Roggen gegen Barzahlung. In den großen Rheinhäfen liegen Schiffe und Getreide aus den Niederlanden, Polen und Rußland.

Die Mühle in Hasselbach mahlt das Getreide beinahe kostenlos als Beitrag zur gemeinsamen Aktion. Raiffeisen verhandelt mit einem Bäcker in Altenkirchen, das Mehl gegen Arbeitslohn zu Brot zu verbacken. Aber die Bäcker geben die Schuld an dem hohen Brotpreis dem teuren Mehl, und jetzt, wo Raiffeisen das Mehl besorgt, haben sie Angst, daß durch diese Aktion auch ihre Brotpreise nicht mehr zu halten sein werden.

Aber Raiffeisen gibt nicht nach. Nicht noch einmal soll das Mehl bei den meisten Hungernden nur als Suppe geschluckt werden. Sie sollen kräftiges Brot erhalten. Er berät sich mit der Kommission, und sie beschließen, selbst ein Backhaus zu bauen. »Und wer zahlt den Bau?« fragt einer. »Hast du schon vergessen, mit wie wenig Geld wir unsere Schule aufgebaut haben?« antwortet ihm ein anderer.

Wieder helfen alle zusammen, um das Backhaus zu bauen. Raiffeisen macht die Pläne und ist überall dabei. Der Ofen muß einige Tage zum Trocknen geheizt werden. Ein Bäckergehilfe aus Hamm wird angestellt. Aus der »Armenkommission« wird der »Brotverein«. Sein Brot ist wesentlich billiger als in Altenkirchen. Die wirklich Notleidenden erhalten einen Sonderpreis, und für sie wird auch Brot auf Kredit abgegeben. Die Bäcker der Umgebung senken jetzt freiwillig die Brotpreise, denn sie fürchten, daß das Beispiel vom Brotverein Weyerbusch Nachahmer findet.

Durch den Erfolg ermutigt, löst sich die Armenkommission nicht auf. Raiffeisen hält die Gelegenheit des einmal erreichten Zusammenschlusses fest. Auf alten Rechnungen und Geschäftspapieren finden sich verschiedene Namen: »Brotverein«, »Armen-Unterstützungsverein« oder »Verein zur Beschaffung von Brot«. Auch andere Nahrungsmittel, z. B. Reis und dann Saatgut oder 33000 Pfund Saatkartoffeln aus dem Nassauischen, sind aufgelistet. In der größten Not haben die Bauern das zurückgelegte Saatgut verbraucht. Das Geld zum Ankauf wird teils aus Holzverkäufen aus dem Gemeindewald beschafft, teils auch von Raiffeisen auf seinen Namen geliehen. Bei der Verteilung helfen die Ortsvorsteher kräftig mit. So wird die letzte große Hungersnot in Deutschland 1846 und 1847 in dem Bezirk Weyerbusch ohne bedeutende Schulden und Belastungen der Zukunft überstanden. Erst 1848 ist die Ernte wieder normal.

Niedergeschriebene Satzungen hat der Verein nicht. Er ist auf »Treu und Glauben als bindend gegründet«, wie Raiffeisen einmal an den Landrat schreibt. Die schönste Frucht für Raiffeisen ist die Anerkennung des Landrats, der sehr wohl den Unterschied zwischen Weyerbusch und anderen Bezirken beobachtet hat: »Die Regierung bewilligt ein Darlehen zur Deckung der im Interesse des Vereins eingegangenen persönlichen Verpflichtungen des Bürgermeisters.«

Abschied von Weyerbusch

Frau Penckhoff kommt ganz aufgeregt zur Bürgermeisterin. »Wir haben gehört, daß Ihr Mann nach Flammersfeld versetzt wird und Sie von hier wegziehen.«

»Beruhigen Sie sich und kommen Sie zuerst herein in die Stube«, sagt Frau Raiffeisen, der es auch eher zum Weinen zumute ist. »In dieser Zeit vor meiner Niederkunft paßt es uns ja auch gar nicht. Ich hätte unser zweites Kind viel lieber hier zur Welt gebracht.«

»Wie kam denn dies so plötzlich?« fragt Frau Penckhoff. – »Als wir vor einigen Wochen in Altenkirchen zum Einkaufen waren, hatte mein Mann auch ein Gespräch mit dem Herrn Landrat, der nach langen, anerkennenden Worten sagte: ›Raiffeisen, Ihnen könnte man einen größeren Amtsbezirk anvertrauen.‹ Wilhelm hat das nicht so ernst genommen und dachte, er meine in einigen Jahren. Und jetzt kam das Dekret von der Regierung, daß er schon auf den 1. April 1848 als Amtsbürgermeister in die Marktgemeinde Flammersfeld auf dem Westerwald versetzt wird. Aber es ist noch sehr fraglich, deshalb haben wir versucht, es geheimzuhalten. Ich weiß wirklich nicht, wer das ausgeplaudert hat.«

»Hat Ihr Mann denn die Versetzung abgelehnt? Könnte er das überhaupt?« Emilie Raiffeisen erzählt: »Als mein Mann das Schreiben erhielt, hat er sich am übernächsten Tag auf den Weg gemacht, um inkognito den Flammersfelder Bezirk und die Menschen kennenzulernen. Vom Ortsvorsteher hat er dann erfahren, daß die Flammersfelder das Recht hätten, ihren Bürgermeister zu wählen, und davon Gebrauch machen würden. Den genauen Sachverhalt hat er dann beim dortigen Pfarrer Friedrich Marius Müller erfahren. Der hatte schon von der Arbeit meines Mannes in Weyerbusch gehört und wollte sich als Mitglied im Gemeinderat für ihn einsetzen. Die Not, die Armut und den Wucher gäbe es in Flammersfeld genauso wie in Weyerbusch.

Mein Mann hat dann dem Landrat von seinen Erforschungen in Flammersfeld berichtet und mitgeteilt, daß er seine Arbeit in Flammersfeld nur mit Zustimmung des Gemeinderates antreten würde. Hier auf dem Sekretär liegt auch ein Brief von Pfarrer Müller.« Emilie liest vor:

»Lieber junger Raiffeisen, nachdem Sie letzte Woche hier aufkreuzten und einige Leute nun erfahren haben, daß die Regierung in Koblenz den Weyerbuscher Bürgermeister hierher beordern wolle, gingen die Wellen bei den Bürgern hoch. Ortsvorsteher Sanner aus Seelbach, der das Bürgermeisteramt kommissarisch verwaltet, hat gleich eine Gemeinderatssitzung anberaumt. Er hat dann sehr lautstark auf das Recht der ›Samtgemeinde‹ gepocht, den Bürgermeister selbst wählen zu dürfen. Dieses Recht wollen sie sich nicht einfach von Koblenz nehmen lassen. Ich habe ihnen zu erkennen gegeben, daß Sie doch ein auf dem Westerwald erprobter Mann seien und in Weyerbusch gezeigt hätten, daß Sie gerade hierher mit den vielen armen Bauern

passen würden. Es gäbe sicher keinen Kandidaten, der bei einer Wahl gegen Sie gewinnen könnte.
Sanner hat dann einen Brief vorgelegt und zur Abstimmung gebracht, in dem sich der Gemeinderat entschieden gegen die Methode ausspricht und der Regierung untertänigst, aber doch immerhin einen Protest gegen Ihre Ernennung zuleitet. So müssen wir eben abwarten. Aber ich bin guter Zuversicht, daß der Gemeinderat gegen die Regierung einlenkt und wir Sie wie vorgesehen hier mit Ihrer Familie willkommen heißen dürfen.«

»Wir sind sehr traurig, Frau Raiffeisen, wenn Sie von uns weggehen. Wenn ich denke, was wir alles Ihrem Mann verdanken... Nach der Versteigerung waren wir total am Ende. Wir wollten auswandern, doch ohne Geld und mit der Kinderschar hätte uns auch kein Büro vermittelt. Dann hat sich Ihr Mann für eine Unterkunft bemüht und später dann beim Oberförster von Altenkirchen erreicht, daß mein Mann für den Gemeindewald hier angestellt wird. Er ist ja ein echter Waldmensch, und jetzt, nachdem er sich eingearbeitet hat, ist er ein ganz anderer Mensch geworden, weil ihm seine Arbeit wirklich Spaß macht.«

Frau Raiffeisen steht am Fenster. »Ach, da kommen gerade unsere Männer, wohl von einer Waldbesichtigung. Mein Mann kommt auch immer ganz erholt von seinen Waldgängen zurück. Übrigens, in Flammersfeld gehören der Gemeinde 8000 Morgen Wald.« Frau Penckhoff verabschiedet sich rasch.

Wilhelm Raiffeisen kommt gleich in die Wohnung und umarmt seine Frau. »Emilie, weißt du noch die heutige Losung aus dem Herrnhuter Losungsbüchlein?«

»Ja, Wilhelm! ›Alles, was auf der Erde geschieht, hat seine von Gott bestimmte Zeit!‹ Und ich habe, als du weg warst, die Stelle in der Bibel aufgeschlagen. Im Prediger Salomo Kapitel 3 heißt es noch in den folgenden Versen: ›Geboren werden und sterben, weinen und lachen, sich umarmen und sich aus der Umarmung lösen.‹ Wilhelm, ich freue mich so auf unser zweites Kind; wenn wir nur hierbleiben dürften.«

»Aber in Flammersfeld sind wir näher am Rhein und näher deiner Heimat Remagen, Emilie. Und es liegt an der Straße von Weyerbusch nach Neuwied. Du weißt doch, wie wichtig der Bau dieser Straße ist und wie sehr sie mir am Herzen liegt.« – »Ja, mehr als deine Frau!« kontert sie.

»Alles hat seine Zeit, damit bist du doch auch einverstanden?« »Ja, Wilhelm, wenn es Gottes Wille ist.«

Der Abschied von Weyerbusch und der Umzug nach Flammersfeld war für Emilie – sie war im 8. Monat – nicht leicht. In der kurzen Zeit von drei Jahren war in Weyerbusch so viel Freund- und Hilfsbereitschaft untereinander gewachsen wie nie zuvor. Die Mitte bildete die junge Bürgermeisterfamilie. Raiffeisen spricht beim Abschied: »Nicht ich als Bürgermeister bin der Grund der Gemeinschaft, sondern Jesus Christus ist der, der Gemeinsinn wirken kann, wenn wir uns von ihm gebrauchen lassen. Euch allen möchte ich danken für die Mitarbeit in der Gemeinde, aber auch für die Hilfe, die wir als Familie in eurer Mitte erfahren haben. Besonderen Dank all denen, die uns beim Packen und Laden der Möbel geholfen haben und die uns jetzt mit ihren Fuhrwerken nach Flammersfeld bringen.«

Gestärkt durch die große Teilnahme, aber auch etwas wehmütig, fahren sie in eine neue Zeit.

Flammersfeld

Preußische Disziplin

Ein Stück geht es auf der neugebauten Straße, aber dann kommen Feldwege, die im Frühjahr besonders schlecht zu befahren sind. Ein wohlhabender Bauer hat für Emilie, Amalie und Raiffeisen seine Chaise zur Verfügung gestellt. Trotzdem werden sie ordentlich durchgeschüttelt. Raiffeisen blickt oftmals besorgt seine Frau an und sagt dem Kutscher, daß er schonend fahren möge. In den Dörfern, die schon zu seinem neuen Bezirk gehören, schauen die Leute hinter den Vorhängen den Fuhrwerken nach. In Flammersfeld sind es nur sehr wenige, die sie begrüßen. Einen großen Strauß Frühjahrsblumen überreicht Frau Pfarrer Müller.

Das Einleben dauert länger, als es sich der junge Raiffeisen gedacht hat. Manches gibt es nach der Vakatur aufzuarbeiten. Er widmet sich eingehend den laufenden Amtsgeschäften. Er muß sich auch gründlich mit den örtlichen Verhältnissen vertraut machen. Seine christliche Verantwortung für die Menschen, ohne Ansehen der Person, macht ihn bald beim Polizeidiener und bei einigen Ortsvorstehern unbeliebt.

Der Polizeidiener Bangert erhält eine Ordnungsstrafe von einem Reichstaler, weil er seiner Pflicht, für die öffentliche Ordnung zu sorgen, nicht nachkommt und auch sonst seinen Dienst nur unvollkommen versieht. Einen Brief, den der Polizeidiener vergessen hat, befördert er durch einen Extraboten und zieht die Kosten dem Polizeidiener bei seiner Gehaltszahlung ab. Eine zweite Ordnungsstrafe begleitet er mit einer verstärkten Mahnung und Androhung der Entlassung. Die Geduld, die Raiffeisen bei aller Strenge übt, veranschaulicht ein Brief an Bangert:

Obgleich Ihnen am 11. 6. 1849 zu Protokoll aufgegeben worden ist, alle fünf Wochen je fünf andere Gemeinden in polizeilicher Beziehung zu kontrollieren und sich Bescheinigungen darüber

In diesem Haus in Flammersfeld war das Bürgermeisteramt im Erdgeschoß und die Wohnung im ersten Stock untergebracht. Hier wurde auch 1849 der »Flammersfelder Hilfsverein« gegründet.

von den Ortsvorstehern erteilen zu lassen und dann mir Ihr Berichtsbuch jeden Sonntag um 9 Uhr vorzulegen, ist ersteres sehr unvollständig, letzteres gar nicht geschehen. Sie werden deshalb in die angedrohte Ordnungsstrafe von einem Taler genommen, welche Sie sofort an die hiesige Gemeindekasse zu zahlen haben.
Ich bemerke Ihnen dabei ausdrücklich, daß mich nur Rücksicht gegen Ihre arme Familie bis jetzt abgehalten hat, Ihre Dienstentlassung zu bewirken, und daß Sie mich bei fernerer Vernachlässigung Ihrer Dienstpflicht sowohl hierzu als auch zu schärferen Strafen nötigen.

Endlich muß er Bangert doch entlassen. Bei seinem Nachfolger Schmidt vermißt er, wie aus einem Bericht an den Landrat hervorgeht, »Energie und Selbständigkeit« und beantragt, ihm die Stelle auf ein weiteres halbes Jahr nur auf Probe zu übertragen. Im

Augenblick könne er keine geeignete Person vorschlagen und würde ohne Polizeidiener in Verlegenheit geraten.

Die Herren Ortsvorsteher bekommen ebenfalls die Ordnungsliebe des Bürgermeisters zu spüren. Er tadelt das Liegenlassen von Rundschreiben: »Ich hoffe, daß diese Vernachlässigung von jetzt ab nicht mehr vorkommen, weil ich mich sonst sehr ungern genötigt sehen würde, die Versäumnisse strenger zu ahnden.«

Bei der letzten Auseinandersetzung mit Bangert erzählt dieser in angetrunkenem Zustand, daß der Ortsvorsteher Korf einen Eichenstamm aus dem Gemeindewald gegen ein Maß Branntwein verkauft habe. Raiffeisen geht der Sache nach und teilt Korf mit: »Es geht dabei nicht nur darum, daß Sie den Stamm viel zu billig in die eigene Tasche verhandelt haben. Sie haben damit das Ansehen und die Ehre aller Ortsvorsteher geschädigt. Ich würde Sie anzeigen, wenn nicht dadurch das Vertrauen der Bevölkerung in ihre Vorsteher noch mehr erschüttert würde. Ihr Amt müssen Sie jedenfalls der Gemeinde zurückgeben.«

Amtsbürgermeister

Nach dreijähriger Tätigkeit haben sich die Verwaltungsgeschäfte unter seinem Regiment so ausgedehnt, daß die für Bürokosten veranschlagte Summe nicht mehr ausreicht. Der Gemeinderat beschließt, extra 50 Taler dafür zu bewilligen, aber ausdrücklich nur für die Amtszeit Raiffeisens. Es heißt, ». . . daß bei der mit der hiesigen Bürgermeisterstelle verbundenen Mühewaltung, wie sie die Fürsorge des jetzigen Bürgermeisters Raiffeisen mit sich bringt, der festgesetzte Betrag nicht ausreichen könne . . .«

Blättert man in den Akten der Bürgermeisterei, ist man erstaunt, was in diesen Jahren alles anfällt. Da gibt es viele neue ungewohnte Aufgaben: Organisation der Wahlen zum preußischen Abgeordnetenhaus, zur deutschen Nationalversammlung und zum deutschen Volkshaus. Besondere Arbeit verursachen die Einführung der Gemeindeordnung, die Grenzberichtigungen und Bildung von Gemeindeverbänden.

Wie in Weyerbusch setzt sich Raiffeisen für das Schulwesen ein. So entsteht die Schule in Walterschen. Er betreibt auch den Bau

FRIEDRICH
WILHELM
RAIFFEISEN
GRÜNDETE
ANNO 1849
IN DIESEM
HAUSE DEN
FLAMMERS-
FELDER
HÜLFSVEREIN
ZUR UNTER-
STÜTZUNG
UNBEMITTEL-
TER LANDWIRTE
EINE KEIMZELLE
DER WELTUM-
SPANNENDEN
RAIFFEISEN-
GENOSSEN-
SCHAFTEN
EINER FÜR ALLE
ALLE FÜR EINEN

einer neuen Schule in Horhausen; die Durchführung bleibt seinem Nachfolger überlassen.

Er beantragt bei der Oberpostdirektion in Koblenz die Einrichtung einer Postexpedition in Flammersfeld. Doch Koblenz lehnt ab. Noch ist der Wald zwischen Neuwied und Altenkirchen für die Post nicht reif. Bei einem weiteren Vorstoß lehnt der Gemeinderat die Bedingungen der Oberpostdirektion ab.

Der Gemeindewald ist in den vergangenen Jahrhunderten rücksichtslos abgeholzt worden. Die Wälder zu erhalten, bedarf es geregelter Forstwirtschaft. 8000 Morgen Waldungen gehören zum Amtsbezirk Flammersfeld. Den Samen für die Aufforstung bezieht Raiffeisen für seine Gemeinden gemeinschaftlich von einer Samenhandlung in Darmstadt.

Wucher

Wieder einmal sitzt Pfarrer Marius Müller in der Amtsstube mit Raiffeisen zusammen. Er hat die Rede Bismarcks vor dem Vereinigten Landtag mitgebracht: »Ich kenne eine Gegend, wo es Bauern gibt, die nichts ihr Eigen nennen auf ihrem Grundstück. Vom Bett bis zur Ofengabel gehört alles Mobilar den Geldverleihern. Das Vieh im Stall gehört ihnen, und der Bauer bezahlt für jedes einzelne Stück Vieh eine tägliche Miete. Das Korn auf dem Felde und in der Scheune gehört ihnen, und sie verkaufen den Bauern das Brot-, Saat- und Futterkorn metzenweis. Von einem ähnlichen Wucher habe ich in meiner Praxis noch nie gehört.«

»Denen müßte ich meine Schilderungen von der ›Bauernschlächterei‹ auf dem Westerwald schicken«, sagt Raiffeisen.

»Wie weit ist denn Ihre Auswertung der Zwangsversteigerungen?« fragt der Pfarrer.

»Die Armut ist mit der Behebung der durch die Mißernten entstandenen Hungersnot nicht aufgehoben. Sie hat vorher schon bestanden. Aber hier sind zwei Beispiele: Bei mir erschien kürzlich Herr Jürgen Maurus von Altbach und erklärte: ›Ich schuldete meiner Schwägerin Anna Margaretha Jacobi 27 Taler. Als sie das Geld nötig hatte und es von mir verlangte, konnte ich ihr es nicht zahlen. Sie verkaufte deshalb die Forderung an den

Händler Goller. Wieviel er ihr dafür bar gab, weiß ich nicht. Ich mußte dem Goller einen Schuldschein über 27 Taler ausstellen und ihm für sieben Taler, welche ich ihm außerdem schuldete, ein paar junge Ochsen, sechs Wochen alt, verkaufen, welche er mir dann zur Fütterung überließ. Nach ungefähr einem Jahr forderte Goller sein Geld. Da ich nicht zahlen konnte, mußte ich die Ochsen von ihm für 30 Taler zurückkaufen und erhielt keine Vergütung für die Fütterung. Jetzt bin ich ihm 57 Taler schuldig.‹

Nach einer Versteigerung in Fliegenhain sprach ich mit den Eheleuten Andreas, und die gaben folgendes an: ›Wir schuldeten dem Fuhrmann Roller zu Neuwied für ein Pferd 45 Taler. Da wir ihm auf sein Verlangen das Geld nicht zahlen konnten, verkaufte er die Forderung an den Händler Abraham zu Heddesdorf. Um eine Zeitverlängerung zu bekommen, mußten wir von diesem eine Kuh zum Preise von 41 Taler abkaufen, die nicht einmal 20 Taler wert war. Da diese Kuh krank war und nach einem halben Jahr geschlachtet werden mußte, und da Abraham mit Exekution drohte, mußten wir von ihm eine zweite Kuh zum Preise von 46 Talern kaufen, die kaum 25 Taler wert war. Nachdem wir die Kuh neun Monate gehalten und fett gemacht hatten, mußten wir sie zu 25 Taler an ihn zurückverkaufen. Nach fünf Jahren haben wir durch Hin- und Herhandeln fünf Kühe erhalten, zwei Kühe zurückverkauft, 30 Taler dazugezahlt und bei dem Handeln mehrmals Mehl zugegeben. Dadurch wurden wir einschließlich der ersten Forderung, der Zins- und Gerichtskosten zirka 250 Taler an Abraham schuldig.

Wir wollten uns von den Schulden losmachen, und es war unsere Absicht, ein Pferd, welches wir nötig hatten, zu kaufen. Ich ging deshalb auf den Neustätter Markt. Ich ließ mich dort von Händlern überreden und kaufte ein Pferd für 80 Taler. Der Händler stellte dafür einen Schuldschein aus. Diesen Schuldschein erhandelte sich Mose von Neuwied. Nach Verlauf einiger Zeit klagte uns dieser ein. Als wir durch Exekution gedrängt wurden, kam Isaak von Dierdorf zu uns und gab uns den Rat, wir sollten uns von dem Händler Gerster von Neuwied das Geld leihen und die Schuld bezahlen. Wir waren gezwungen, diesem Rat zu folgen. Gerster gab uns das Geld. Wir mußten aber ein Pferd für 70 Taler dazukaufen, welches etwa 40 Taler wert war.

Das Pferd war sehr mager. Gerster versicherte, es habe einen schlechten Herrn gehabt und werde bei guter Fütterung besser werden. Es blieb aber trotz guter Fütterung mager und schwach und krepierte nach drei Jahren.

Bald nach dem Kauf dieses Pferdes hatten wir auch Geld zur Reparatur der Gebäude dringend nötig. Gerster lieh nun 80 Taler. Wir mußten aber zugleich zwei magere Kühe und einen jungen Ochsen für 140 Taler kaufen, die höchstens zusammen 50 Taler wert waren. Die beste der Kühe hat Gerster auf dem Markt für 20 Taler gekauft.

Obgleich wir uns stets angestrengt und keine unnötigen Ausgaben gemacht haben, sind wir durch den angegebenen Handel mit Geldverleihern mit unseren Vermögensverhältnissen gänzlich ruiniert worden. So wurde jetzt unsere Mühle mit Nebengebäuden, Haus, Äcker und Vieh gerichtlich zwangsweise verkauft. Wir besitzen nicht mehr das geringste Vermögen und befinden uns mit unseren drei Kindern in der größten Not.‹«

Raiffeisen geht, während er redet, im Raum unruhig hin und her. »Einschleichendes Übel frißt am Mark des Bauernvolkes. Es ist die dauernde Geldnot, der Mangel an Kredit. Einnahmen von der Ernte gibt es nur einmal im Jahr. Wer gibt dem Bauern Geld, wenn er es zu einer anderen Jahreszeit dringend braucht? Da muß er Vieh zu ungünstigen Preisen verschleudern. Hier findet der Vieh-, Geld- und Warenwucher eine fette Weide.«

»Mich hätte jetzt ganz konkret die Auswertung der Versteigerungsprotokolle interessiert«, unterbricht ihn Marius Müller.

»Wenn ich das Ergebnis der Versteigerungen von 16 Anwesen seit einem Jahr zusammenfasse, so war die Ursache in zwölf Fällen das Leihvieh.«

»Aber die Wucherer stellen die Abgabe von Leihvieh immer wieder als eine Tat ihrer christlichen Nächstenliebe und Hilfsbereitschaft heraus«, entgegnet der Pfarrer.

»Wir dürfen nicht mehr länger an der Erforschung der Ursache und den Auswirkungen der guten Taten hängenbleiben, Herr Pfarrer Müller. Wir müssen endlich handeln.«

»Und was haben Sie im Sinn?« fragt Müller.

Der Flammersfelder Hilfsverein

»Wir müssen verhindern, daß noch mehr Leihvieh in die Ställe kommt. Wir müssen einen Verein gründen und das Vieh bedürftigen Bauern gegen geringe Verzinsung und langsame Rückzahlung in die Ställe stellen.«

»Dazu fehlt uns beiden aber das Geld«, sagt der Pfarrer leise. »Und unser Besitz ist nicht Sicherheit genug, um so viel Geld ausleihen zu können.«

»Die Armenkommission und der Brotverein von Weyerbusch hatten auch kein Anfangskapital, aber wir haben genug Leute gefunden, die mit ihrem Besitz zu haften bereit waren. Damals waren es freilich nur einige hundert Taler. Jetzt benötigen wir wenigstens einen Grundstock von 2000 Talern.«

Noch lange wird der Plan besprochen. »Ich werde bei der nächsten Sitzung mit den Ortsvorstehern darüber sprechen, und wenn Sie, Herr Pfarrer, den Presbytern des Kirchspiels den Plan vortragen, wäre es sehr hilfreich.«

In den folgenden Wochen ist Raiffeisen oft mit Pfarrer Müller unterwegs, um die wohlhabendsten Bürger zu besuchen. »Nur durch den Zusammenschluß aller verantwortlichen Kräfte ist es möglich, dem Wucherunwesen beizukommen und dem von den Verleihern betriebenen Höfeschlachten ein Ende zu setzen« – bei jedem Besuch versucht Raiffeisen den Bauern dies klarzumachen. »Wenn Ihnen das auch ein Anliegen ist, möchten wir Sie zur Gründung des Flammersfelder Hilfvereins für die Unterstützung unbemittelter Landwirte am 1. Dezember 1849 ins Bürgermeisteramt einladen.«

Der 1. Dezember kommt, und Raiffeisen beschreibt in einer zündenden Rede nochmals sehr anschaulich die Hauptursache der Not: »Auch in unserem Amtsbezirk befinden sich unter der armen, ausgesogenen Bevölkerung gleichsam menschliche Giftpflanzen, Wucherer, welche sich ein Geschäft daraus machen, die Not ihrer Mitmenschen in herzlosester Weise zu ihrer Bereicherung auszunützen. Wie das gierige Raubtier auf das gehetzte und abgemattete edle Wild, so stürzen sich die gewissenlosen und habgierigen Blutsauger auf die hilfsbedürftigen und ihnen gegenüber wehrlosen Landleute, deren Unerfahrenheit und Not ausbeutend, um sich allmählich in den Besitz ihres ganzen Vermögens zu setzen. Eine Familie nach der andern wird zugrunde gerichtet.«

60 Personen hören zu, und als sie nach Stunden den Heimweg antreten, haben sie die gemeinsame Bürgschaft für die aufzunehmenden Gelder und die Gründung des Vereins mit ihrer Unterschrift besiegelt. Nach vielen Bemühungen und wohl mit einer Empfehlung des Onkels, Hofrat Lantzendörffer, findet Raiffeisen eine Privatbank, die 2000 Taler verleiht. Es müssen sich zwanzig der angesehensten und wohlhabendsten Mitglieder des Vereins in einem gerichtlichen Akt besonders solidarisch und mit ihrem ganzen Vermögen haftbar erklären.

Damit ist der Anfang gemacht. Nun kommen andere, und das Geld fließt dem Verein so reichlich zu, daß eine Sparkasse mit dem Darlehensgeschäft verbunden wird. Eine Solidarhaftung in solcher Ausdehnung, das gab es bisher noch nicht. Viele, die davon hören, schütteln den Kopf. Wie kann man auf vollständig geliehenem Geld ein Gebäude aufbauen? Selbst Landrat und Regierung, die dem Unternehmen lebhafte Teilnahme entgegenbringen und es als »höchst gemeinnützig« anerkennen, als etwas, das alle Unterstützung verdiene, haben Bedenken wegen der Verpflichtung, die der Verein durch die Verbindung mit einer Sparkasse eingeht. Sie verweigern dem Verein die von Raiffeisen beantragten Korporationsrechte.

Ein umfangreicher Briefwechsel zwischen Raiffeisen, dem Landrat und Koblenz kann die Regierung nicht überzeugen. Aber der Verein arbeitet auch ohne Rechtsfähigkeit. Raiffeisen selbst bezeichnet das Jahr 1849 als Anfang des ländlichen Genossenschaftswesens. In aller Stille, in einer weltabgelegenen Gegend, ganz unbemerkt, geht der Samen auf, langsam aber kräftig.

Im ersten Jahre kauft der Verein 72 Kühe, um sie an bedürftige Landwirte zu einem reellen Zins und mit einer Abzahlung in fünf Jahresraten abzugeben. Im zweiten Jahr sind es 110 und im dritten 152 Kühe, die der Verein vermittelt. Oft wird das Leihvieh von den Wucherern zurückgekauft. Ehrliche Händler und erfahrene Bauern dienen als Preisschätzer. Wenn die Wucherer mit dem vorgeschlagenen Preis nicht einverstanden sind, können sie das Leihvieh aus dem Stall mitnehmen. Kein Wucherer wagt es, einen Bauern wegen Rücktritt vom Vertrag zu verklagen, denn dabei wäre der Zinswucher bekannt geworden. Die Bauern haben jetzt keine Angst mehr vor den Wucherern.

Nach einigen Jahren genügt es, den Bauern einfach mit Darlehen zu helfen, so daß der Verein keinen Viehhandel mehr treiben muß. Für den Einkauf von Saat- und Pflanzgut in größeren Mengen vom Rheinland sieht der Verein weiterhin einen Bedarf und übernimmt die Organisation. Lehrer Hauser verwaltet die Kasse und erhält als Rechner eine kleine Entlohnung. Vorstand und Mitglieder arbeiten ehrenamtlich. In den ersten fünf Jahren gibt der Verein Kredite in Höhe von 11 735 Taler aus. Trotz aller Bedenken arbeitet er erfolgreich. Unerhört neu ist, daß jeder zu einem erschwinglichen Zinssatz Geld leihen kann.

Gesellschaftlicher Strukturwandel

Ein Treffen der »Euterpianer« in Flammersfeld kommt leider nicht zustande, aber Pfarrer Karl Bungeroth und Pfarrer Schoeler kommen gern in das gastfreundliche Haus. Raiffeisen ist ein praktischer Tatenmensch und findet wenig Zeit, Bücher zu studieren. Trotzdem ist er sehr interessiert an den gesellschaftlichen Entwicklungen seiner Zeit. Er ist dankbar für die Besuche, bei welchen er seine Kenntnisse vertiefen und theologische und die brennenden sozialen Fragen diskutieren kann.

Wieder hat sich Schoeler angesagt. Raiffeisen kramt in seinen Papieren. »Emilie, schau mal, was ich hier gefunden habe. Das hat mir Schoeler einmal von seinem Professor Ernst Moritz Arndt aus Bonn mitgebracht. Es ist ein Brief an den Professor vom Reichsfreiherrn vom Stein.« Er liest ihn vor:

»Wir leben in einer Zeit des Übergangs, wir müssen also das Alte nicht zerstören, sondern es zeitgemäß abändern und uns sowohl den demokratischen Phantasten als den gemieteten Verteidigern der Fürstenwillkür widersetzen. Beide vereinigen sich, um Zwietracht unter den verschiedenen Ständen der bürgerlichen Gesellschaft zu erregen, in entgegengesetzten Absichten. Die einen, um alle Versuche der Bildung einer repräsentativen Verfassung zu vereiteln, die anderen, um das Unhaltbare in das Leben zu

bringen. Dieser Haß unter den Ständen, unter Bürgern und Adel, bestand in den blühendsten Zeiten der deutschen Städte, im 13. bis 16. Jahrhundert, nicht; jeder Stand hatte seine Ehre, zwischen ihnen bestand ein wechselseitiges Band der Dienstleistungen, des Umgangs, durch Verfassung und Sitten geknüpft. Diese Stände müssen nebeneinander bestehen, nicht durcheinander gemengt, ein Geschlechts- und Güter-Adel, kein Hof-, Dienst-, Brief-Adel, ein tüchtiger Bürger- und Gewerbestand, ein ehrsamer freier Bauernstand, kein Tagelöhnergesindel; und so steht der alte durch den Lauf der Zeit geschwächte Stand der Freien wieder da, erscheint in der Gemeinde, am Amts- und Kreistage, auf dem Landtage, auf dem Reichstage zum Beraten und Beschließen und greift in gemeinsamer Not zu Wehr und Waffen.

Ein solcher Zustand der Dinge läßt sich aus dem Bestehenden entwickeln und selbst die alten Benennungen, in jedem Lande einheimisch und bekannt und verständlich, beibehalten, z. B. Erbentag, Kirchspieltag, Amtstag, anderwärts heißt er Hofgericht- oder Schöffentag usw.

Auf diese Art wird nicht alles zertrümmert und ein neues aus der Luft gegriffenes Gebäude, ohne Festigkeit und Haltung, aufgeführt. Gott gebe seinen Segen und schütze sein frommes, mildes, tapferes deutsches Volk gegen Anarchie, Willkür, fremde Invasion.«

Freiherr vom Stein hat nicht unrecht; was würde er wohl heute zu den revolutionären Strömungen sagen?«

»Das kannst du ja den Schoeler fragen«, antwortet Emilie. Sie fährt fort: »Er wird dir manches neue Dokument mitbringen. Wenn ich nicht mit dem Haushalt und den Kindern beschäftigt bin, höre ich auch gerne zu. Letztes Mal hat mich so fasziniert, wie er von den Erfindern unserer Zeit erzählte. Er meinte, daß du mit deinem Verein dazu gehörst. Erfinder gäbe es nicht nur in Technik und Chemie.«

»Sicher, für unsere Bauern sind die Forschungen zur Zuchtwahl bei Pflanzen und Tieren von großer Bedeutung. Wir haben in der Notzeit Saatgut von auswärts gekauft und festgestellt, daß es im Vergleich zu unserem wesentlich bessere Ernten bringt. Auch die

Kühe, die der Verein im Rheintal gekauft hat, geben bedeutend mehr Milch. Deshalb wird der Hilfsverein weiterhin bestehen bleiben.«

»Ich glaube, Schoeler hat von Erfindern erzählt, weil er dich trösten wollte; es waren nämlich alles solche, die auch keine höhere Schule besuchten und nicht studieren konnten.«

»Er hat aber auch von Professor Justus von Liebig erzählt«, ergänzt Wilhelm, »der mit seinen chemischen Forschungen der Landwirtschaft am meisten hilft. Unser Verein bezieht für die Bauern auch Kalk und Knochenmehl.«

»Er hat aber auch von dem Handwerker Friedrich List berichtet, der ohne Universitätsexamen 1817 in Tübingen Professor wurde.«

»Du darfst nicht vergessen, Emilie, daß List auch das glänzende Buch *›Das nationale System der politischen Ökonomie‹* geschrieben hat. Mit so einem Genie darfst du mich nicht vergleichen. Die Wissenschaft ist nur so viel wert, wie sie der Gesellschaft dient und ihr hilft. Sie sollte nicht Selbstzweck sein.«

Mit Schoeler diskutiert er dieses Mal das Kommunistische Manifest, welches Karl Marx und Friedrich Engels 1848 in England veröffentlicht haben. »Der Karl Marx hat ja mit mir in Bonn studiert«, erklärte Schoeler; »später war er als Redakteur bei der ›Rheinischen Zeitung‹, die dann verboten wurde. Er war damals sehr liberal und fing erst bei der Zeitung mit der Forderung nach einer sozialen Revolution an.«

»Lieber Schoeler, was sagt aber die Kirche zu den sozialen Mißständen, und vor allem, was tut sie?«

Das ist ein Stichwort, auf das Schoeler gerne eingeht: »Nicht die Kirchen, aber einzelne Christen beider großen Konfessionen kämpfen gegen den wirtschaftlichen Liberalismus und den profitgierigen Kapitalismus. Gegen ein rücksichtloses egoistisches Streben hilft kein gottloser Kommunismus. Auf dem evangelischen Kirchentag 1848 in Wittenberg hat Johann Hinrich Wichern in seinem Referat ›Die Proletarier und die Kirche‹ gesagt: ›Die Liebe gehört mir wie der Glaube. Die rettende Liebe Jesu muß hier das Werkzeug werden, womit sich die Tatsache des Glaubens erweist.‹ Die Amalie Sieveking in Hamburg ist ein Beispiel für kirchliche Sozialarbeit. Sie betont die Hilfe zur Selbsthilfe.«

Schoeler ist ganz in seinem Element: »Auch auf dem ersten Katholikentag, im gleichen Jahr 1848, gab es solche Stimmen. Der Bischof Wilhelm Emmanuel Freiherr von Ketteler hat dort im Mainzer Dom, in seiner volkstümlichen Rede, von der sozialen Aufgabe des Katholizismus als einer Liebespflicht gesprochen. Und Adolf Kolping macht mit seinen Gesellenvereinen von sich reden. Insgesamt wird man aber sagen müssen, daß die besitzende Klasse eher durch die Furcht vor Umsturz und Enteignung zur sozialen Veränderung motiviert werden kann als durch das Gebot der Nächstenliebe.«

»Ja«, erwidert Raiffeisen, »Pfarrer Seippel hat mir damals in Hamm auch einiges von dem Sozialreformer Pfarrer Johann Friedrich Oberlin im Steintal (Elsaß) erzählt. Er stellt die Französische Revolution dem Zeugnis Oberlins gegenüber. Blut, Tränen, Willkür, Unduldsamkeit, Haß und Feindschaft hätte sie dem Volk gebracht. Oberlin sei im Elsaß eine aufbauende und deshalb stärkende Kraft gewesen. Imponiert hat mir auch, wie der Oberlin Schulen und Straßen gebaut und sogar mit einem Kindergarten begonnen hat. Er hat sich dem Ackerbau, der Viehzucht und der Ausbildung von Handwerkern gewidmet und hat immer selbst mit Hand angelegt. Dabei hat er seinen Dienst als Prediger und Seelsorger nicht vernachlässigt. Bei ihm gab es keine Trennung zwischen Leib- und Seelsorge. Auch er wollte nur Hilfe zur Selbsthilfe geben.

Pfarrer Seippel hat mir auch den großen Schweizer Pädagogen Johann Heinrich Pestalozzi liebgemacht. Seine Forderung nach einer gleichrangigen Ausbildung von Vernunft, Gefühl und praktischer Fähigkeit ist in unseren Schulen noch längst nicht denkbar. Und mein Vetter, Pfarrer Karl Raiffeisen, hat kürzlich von einem Gustav Werner geschrieben, der in Württemberg großes Aufsehen erregt. Er hat eine Rettungsanstalt für Waisen und Krüppel gegründet. Er möchte die Herrschaft Jesu Christi, des Königs der Gerechtigkeit, auch in der Industrie zur Geltung bringen. In diesem Jahr hat er nach Pfingsten eine Papierfabrik in Reutlingen für 40000 Gulden mit einer Spende von 4000 Gulden gekauft. Sein Wahlspruch ist: ›Was nicht zur Tat wird, hat keinen Wert‹.

Mein Vetter hat mir übrigens auch das Buch von einem schwäbischen David Friedrich Strauß geschickt. Es heißt: ›*Das*

Leben Jesu‹. Es hätte die Theologen und die christliche Welt in große Aufregung versetzt. Ich hatte noch keine Zeit, darin zu lesen, aber du kannst es mitnehmen und mir dann sagen, was du davon hältst.«

Die Zeit mit Schoeler verging auch dieses Mal viel zu schnell.

Arbeitsbeschaffung

Bürgermeister Raiffeisen ist nie um Arbeit für sich selbst verlegen. Er kann sich ein Leben ohne Arbeit nicht denken. Er ist ein gutes Beispiel für seine Bürger. Er steht morgens sehr früh auf. Beim Frühstück wird gemeinsam die Losung der Herrnhuter Brüdergemeine gelesen, Lieder werden gesungen und Gebet und Segen gesprochen.

Er sieht darauf, daß die Felder nicht brachliegen. Die Dreifelderwirtschaft mit dem Wechsel von Wintergetreide, Sommergetreide und statt Brache im dritten Jahr nun Kartoffeln, Futterrüben oder Klee, setzt sich schon sehr früh auf dem Westerwald durch. Der Pflege des Wiesen- und Weidelands gilt sein besonderes Interesse. Der Landwirtschaftliche Verein für Rhein-Preußen spricht ihm für die Verdienste auf diesem Gebiet eine ausdrückliche Anerkennung aus. Oft erkundigt er sich auf seinen Rundgängen durch sein Revier nach den Namen der Besitzer der Felder und Wiesen, um sie zu loben oder zu ermahnen. Sein Programm »Hilfe zur Selbsthilfe« schließt die fleißige Mitarbeit ein.

Für die Tagelöhner, die meistens auch etwas Land und Vieh haben, gibt es Arbeit im Gemeindewald. Raiffeisen macht Abschlüsse mit Sägewerken und geht auch ins Rheintal, um das Holz gewinnbringend zu verkaufen. Mit dem Erlös und mit Zuschüssen der Regierung baut er Stück für Stück an der »Rheinstraße« weiter.

Namentlich wird die »Rheinstraße« erstmals in dem Protokoll der Ortschaft Giershausen, am 26. August 1847, erwähnt. Der Rat erwägt darin, einen weiteren Betrag »zur Beschaffung von Steinmaterialien zu der Rheinstraße« zu bewilligen. Die Straße war bereits im Bau. Der Ratsbeschluß wurde gefaßt, »um den Armen hierdurch Arbeit zu verschaffen«.

Die »Historische Raiffeisen-Straße« ist seine Lebens- und Schicksalsstraße. Am 23. März 1984 bekam die B 256 offiziell diese Bezeichnung. Über 70 große grün-gelbe Schilder wurden entlang der Straße zwischen Hamm an der Sieg und Neuwied angebracht.

Es handelt sich also um ein Arbeitsbeschaffungsprogramm, auch wenn es sich aus dem Protokoll nicht völlig beweisen läßt, daß die Rheinstraße eine Notstandsmaßnahme Raiffeisens ist.

Der Weyerbuscher Gemeinderat beschließt am 22. 9. 1847, daß der in seiner Gemeinde noch nicht fertiggestellte Rest von etwa drei Kilometern im gleichen Jahr ganz ausgebaut werden soll. Dieser Beschluß zeigt, daß der Plan und der Anfang für die »Rheinstraße« schon in die Weyerbuscher Amtszeit fallen.

Die vom Straßenbau betroffenen Gemeinden machen den Bau der Straße von der Bedingung abhängig, daß der Staat Prämien bewilligt. Hinsichtlich der späteren Unterhaltung stellen sie den Antrag, daß auf der Rheinstraße Barrieren errichtet werden und die Gemeinden an dem »Straßenzoll« zur Deckung der Kosten teilhaben.

Die Kunststraße

Schon bei den kleinen Verbindungsstraßen innerhalb des Amtsbezirks beweist Raiffeisen sein Talent zur Instandsetzung und zur Unterhaltung. Die Rheinstraße wird »Kunststraße« genannt, weil sie nicht den alten Verbindungsstraßen der Ortschaften folgt, sondern der Bürgermeister eine ganz neue Trasse entwirft. Die Bevölkerung hält die Durchführung einer solchen Kunststraße durch den unteren Westerwald, von Weyerbusch nach Neuwied am Rhein, schlichtweg für unmöglich.

Wohl gab es bereits die alte Poststraße Frankfurt–Köln, die durch Weyerbusch führte, aber eine kurze Verbindung zum Rhein und die Erschließung der Dörfer auf dem Westerwald werden erst durch die Kunststraße möglich. In einem Protokoll steht, daß Raiffeisen den »kunstgemäßen« Ausbau einfach als sachgemäßen, fachgerechten und vorschriftsmäßigen Straßenbau verstanden hat.

Wieder ein Abschied

Viel Zeit bleibt dem Vater für die Familie nicht. Noch zwei weitere Mädchen werden ihnen in Flammersfeld geschenkt. Beide mußten sie nach einigen Monaten wieder begraben. Emilie, die Mutter, hat dadurch wohl mehr Wurzeln geschlagen und in Flammersfeld Heimat gefunden als Vater Wilhelm, welcher den Ruf nach Heddesdorf im August 1852, also nach gut vier Jahren, gerne annimmt.

Der Gemeinderat wehrt sich gegen diese Abberufung wesentlich heftiger als bei seiner Einsetzung, bei der er von seinem Wahlrecht nicht Gebrauch machen konnte. Als einen der Gründe nennt man: »... da gegenwärtig ein so außerordentlich wichtiger Straßenbau im Betrieb sei, dessen Gelingen nur durch die ausgezeichnete Qualifikation des Bürgermeisters Raiffeisen für den Straßenbau bedingt sei.«

Ein Ausweg wird schließlich gefunden. Raiffeisen soll wöchentlich einmal von Heddesdorf nach Flammersfeld reisen, um den Straßenbau zu beaufsichten. Fünf Taler werden als Reisekosten-

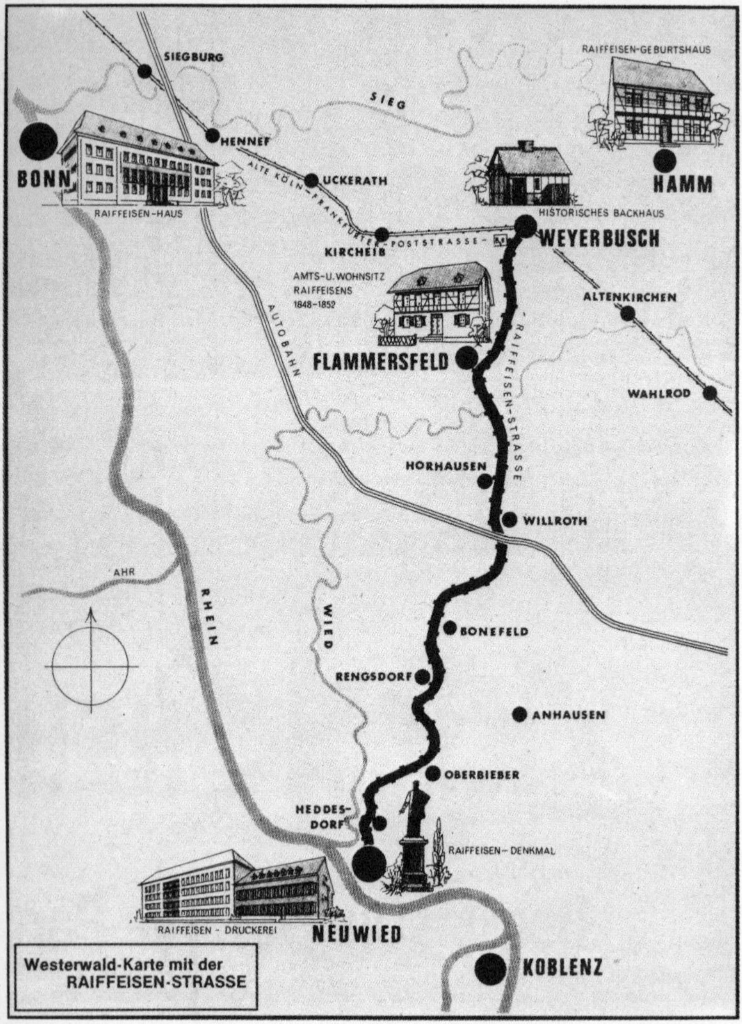

Westerwald-Karte mit der
RAIFFEISEN-STRASSE

vergütung für ein Pferdegespann bewilligt. Der Landrat antwortet der Regierung in Koblenz: »Sicher ist Raiffeisen mit diesem Vorschlag einverstanden, wenn er seinen Straßenbau fortsetzen und sein angefangenes Werk vollenden kann. Es ist ja seine Lieblingsidee.«

Raiffeisen stimmt zu, mit der Bemerkung an den Landrat, daß eine Fahrtstrecke mehr als fünf Stunden in Anspruch nehmen wird. Tatsächlich steht er an diesen Tagen um 4 Uhr auf, fährt um 5 Uhr weg und wird um 10 Uhr in Flammersfeld erwartet. Er besichtigt die Baustellen und bespricht alles mit den Werkführern, bis er um 5 Uhr nachmittags die Rückreise antritt. Trotz der schlechten Straßenverhältnisse und des Geholpers auf der Heimfahrt schläft Raiffeisen vor Erschöpfung ein, wie aus einem Bericht seines Kutschers zu entnehmen ist.

Heddesdorf

Zwischenstation Neuwied

Wilhelm und Emilie Raiffeisen sitzen in der Wohnstube des Vorstehers der Brüdergemeine in der Friedrichstraße. »Ich freue mich sehr«, fängt der Vorsteher Carl August Ledoux, an, »daß Sie meiner Einladung gefolgt sind. Wahrscheinlich haben Sie den Umzug in die vorläufige Wohnung in Neuwied noch nicht ganz hinter sich gebracht. Wir hoffen, daß Sie sich gut einleben.«

»Mein Patenonkel, Konfirmator und Lehrer, Pfarrer Seippel in Hamm an der Sieg, hat mir schon viel von Graf von Zinzendorf und der Brüdergemeine berichtet. Wir lesen bei unserer Morgenandacht die Losungen. Die Freude ist ganz auf unserer Seite, wenn wir hier einmal persönlich die Verbindung zur Brüdergemeine aufnehmen dürfen.«

Ledoux erzählt: »Neuwied ist dank der Grafen und Fürsten zu Wied, seit der Gründung 1653 bis jetzt, zu einem Zufluchtsort und einer neuen Heimat für die verschiedensten Religionsgemeinschaften geworden, die um ihres Glaubens willen verfolgt und vertrieben wurden. Nach den Mennoniten, den Hugenotten und Lutheranern kamen 1750 auch mehrere ›Herrnhuter‹ nach Neuwied. Die ganze Stadt ist ja schachbrettartig angelegt, und wir haben auch ein eigenes Karree erhalten.«

»Ja, das haben wir schon entdeckt. Besonders interessiert mich übrigens die Verkaufsgenossenschaft Ihrer Handwerker und dann natürlich auch die pädagogische Arbeit in den Internatsschulen für Knaben und Mädchen.«

Der Vorsteher berichtet dann über das gewerbliche Leben der Brüdergemeine: »Seit 1760 haben wir eine Schreinerei, jetzt mit der Kunsttischlerei. Bald danach kamen eine Bäckerei, Dampfwäscherei, Ofenfabrik, Seifensiederei, Kerzenzieherei, Schmiede, Brauerei und Schuhmacherei dazu. Natürlich haben wir zuerst unseren Eigenbedarf für unsere Einrichtungen zu decken, aber dennoch können die verschiedenen Arbeitszweige noch allerhand verkaufen. Der Erlös wird zusammengelegt und das Geld gemeinsam verwaltet. Trotzdem werden die Meister mit ihren Mitarbeitern entsprechend ihrer Leistung beteiligt und tragen für ihren Arbeitszweig die volle Verantwortung.«

»Ja, es ist schon zum Staunen, was Sie in Ihrem Karree alles untergebracht haben. Ich bewundere auch die Vielfalt Ihrer Betriebe und die tollen Ideen, die hier ausgeführt werden. Wenn wir nicht nur vorübergehend, bis das Bürgermeisterhaus in Heddesdorf fertig ist, hier in Neuwied wohnen würden, wäre Ihre Schule auch gut für unsere Kinder. Wegen Tischlerarbeiten am Neubau und der Möbel für das Büro werde ich demnächst Ihren Meister aufsuchen. Wir kommen sicher auch bald mal zum Gottesdienst in Ihren Saal und nehmen gerne auch am Herrnhuter Liebesmahl teil.«

Frau Raiffeisen drängt nach Hause, und sie versprechen, sich bald wieder zu treffen. Wilhelm Raiffeisen will dann vor allem noch mehr Einzelheiten über den gemeinschaftlichen Verkauf und das Zusammenwirken der Handwerker und Künstler und über die sonstigen sozialen und pädagogischen Einrichtungen der Brüdergemeine hören.

Auf dem Bauplatz

In der Nähe der Kuhweide, die von den Wohnhäusern des alten Heddesdorf wie von der Sichel eines Halbmonds umfaßt wird, herrscht rege Tätigkeit. An der Diersdorfer Straße wird ein Neubau errichtet. Maurer steigen mit Steinen und Mörtel die Leiter hinauf. Oben hämmern Zimmerleute und stiften für das Dachgerüst die Balken ineinander. Auf dem Bauplatz steht neben dem Baustofflager und zwischen den rührigen Handwerkern der Leiter des Baus, ein mittelgroßer Herr in dunkler Kleidung. Er trägt eine Brille; die stramme Haltung und der hochzugeknöpfte Rock verraten den ehemaligen Berufssoldaten. Er hält den Bauplan in der Hand und spricht gerade mit dem Polier. Es ist der Bürgermeister Raiffeisen, der selbst den Bau des neuen Amtshauses leitet. Unter der energischen und umsichtigen Leitung des Bürgermeisters schreitet der Bau des Amtshauses, in welchem auch eine Dienstwohnung vorgesehen ist, schnell voran. Zu Beginn des Winters 1853 zieht Raiffeisen mit seiner Familie in das neue Haus in Heddesdorf ein. Am 22. Dezember werden die Amtsstuben eröffnet.

Weihnachten

Diesmal war es besonders hektisch vor Weihnachten. Die offizielle Eröffnung des Bürgermeisteramtes am 22. Dezember 1853 war verbunden mit einem Tag der Offenen Tür, wobei die Wohnung im Obergeschoß auch für alle zugänglich war. Der Bürgermeister war ja selbst der Baumeister. Er hatte auch die Pläne entworfen und war jetzt nicht wenig stolz auf sein Werk.

Die Bewirtung der Gäste mit Weihnachtsgebäck übernahm seine Frau Emilie; die Vorräte wurden durch den großen Andrang der Besucher rasch aufgezehrt. Für die Familie mußte sie nochmals backen. Die siebenjährige Amalie durfte schon mithelfen, während die fünfjährige Lina oftmals im Wege stand oder sich an den kleinen Rudolf heranmachte und den fünf Monate alten Säugling aus Liebe so bedrängte, daß er in seinem Körbchen zu schreien anfing.

Endlich ist es Abend – Zeit, ein wenig zu sich selbst zu kommen. »Wilhelm, laß uns doch heute abend besprechen, wie wir das erste Weihnachtsfest in der neuen Wohnung in Heddesdorf feiern wollen. Du glaubst gar nicht, wie froh ich bin, daß wir wieder eine eigene Wohnung haben, in welcher wir, so Gott will, bis an unser Lebensende bleiben können. Seit unserer Hochzeit vor acht Jahren sind wir jetzt in der vierten Wohnung.«

»Ich wünsche mir auch, daß Heddesdorf uns ganz zur irdischen Heimat wird«, stimmt Wilhelm aus vollem Herzen bei. »Du weißt ja, daß mein Augenleiden, seit wir hier sind, schlimmer geworden ist, und du klagst auch immer wieder über Herzbeschwerden. Dieses Jahr können wir Weihnachten einmal ganz im kleinen Kreis, alleine mit unseren drei Kindern feiern.«

»Grete geht morgen nach Flammersfeld heim, und mir ist es arg recht, wenn du nicht noch einen fremden Gast von der Straße einlädst.«

»Aber wir beten doch vor unseren Mahlzeiten: ›Komm, Herr Jesus, sei unser Gast‹ – und wenn der Herr Jesus uns dann einen heimatlosen Menschen in das Haus schickt, dann kann ich ihn nicht abweisen.« Er fährt fort: »Ich habe einen schönen Tannenbaum vom Wald mitgebracht, den könnte ich morgen selbst schmücken, wenn du mir Äpfel, Nüsse und deine Strohsterne vom letzten Jahr bereitstellst. Für die Kinder soll es eine Überraschung sein; vielleicht kannst du sie so beschäftigen, daß sie nichts davon merken. Morgen an Heiligabend ist die Bescherung, und am ersten Feiertag gehen wir zur Christfeier nach Neuwied in den Saal der Brüdergemeine.«

»Hast du denn etwas zur Bescherung?« fragt Emilie. »Psst«, er hält den Finger auf die Lippen, »das wird nicht verraten.«

»Wann dürfen wir denn kommen?« fragte Amalie zum 'zigsten Mal, und weil die Mama nicht mehr antwortet, singt sie wieder: »Ihr Kinderlein kommet...« Auch Lina ist schon recht ungeduldig; auch sie wird mit »bald« vertröstet. Klein-Rudolf wird gebadet, an die Brust genommen und gewickelt. »Mama«, fragt Amalie, »war das Jesuskind auch so wie Rudolf?« – »Ja, ganz genauso, klein und unbeholfen wie jeder Säugling.« Nach kurzem Nachdenken spricht Amalie weiter: »Dann könnten wir heute abend ja die Geschichte spielen. Vater der Joseph, du Maria, und Rudolf das Jesuskind. Ich mache einen Hirten, und Lina kann das Schaf sein.« – »Dann mußt du dir auch noch überlegen, was du zum Jesuskind sagst. Ich weiß allerdings nicht, ob Vater mit diesem Spiel einverstanden ist.«

Die Mädchen dürfen ihre guten Kleider anziehen. Dann endlich, endlich geht die Tür zur guten Stube auf. Hell mit Kerzen erleuchtet, steht der Christbaum da. Vater Raiffeisen stimmt an, und alle singen mit: »Ihr Kinderlein kommet, o kommet doch all...« Auch die Mutter ist überrascht, als der Vater sie zu den Krippenfiguren hinführt, die er neben dem Baum aufgestellt hat. Er hatte sie in der Werkstätte der Herrnhuter Brüdergemeine gekauft, genauso wie die Bauklötze und -hölzer für Amalie und die Stoffpuppe für Lina.

Jetzt erzählt und erklärt der Vater die Weihnachtsgeschichte an den sauber und fein geschnitzten Figuren. Sie singen weiter: »O seht in der Krippe... Da liegt es, ihr Kinder... O beugt wie die

Hirten . . .« Amalie hat einen Vers auswendig gelernt und darf ihn hersagen: »Was geben wir Kinder, was schenken wir dir, du bestes und liebstes der Kinder, dafür? Nichts willst du von Schätzen und Reichtum der Welt; ein Herz nur voll Demut allein dir gefällt.«

Während die Kinder mit ihren Geschenken beschäftigt sind, fragt Emilie: »Wilhelm, weißt du noch, was unser Schwager, Pfarrer Renckhoff, letztes Jahr von dem Dichter von ›Ihr Kinderlein kommet‹ erzählt hat?«

»Er hat da von einigen zeitgenössischen Weihnachtsliederdichtern gesprochen, aber genau weiß ich es nicht mehr. Du darfst es mir gerne wieder erzählen.«

»Christoph von Schmid heißt er und stammt aus Dinkelsbühl. Er war Distriktschulinspektor und seine große Liebe galt der Jugend. Über 50 Kinderbücher hat er geschrieben. Nachher könnten wir auch noch ›O du fröhliche‹ singen; das hat ja Johannes Daniel Falk gedichtet. Wenn ich daran denke, was der Mann mitgemacht hat: Vier Kinder sind an einer Seuche gestorben. Aber das hat ihn ganz nah zu Gott gebracht, und er hat ja dann dieses Waisenhaus ›Lutherhof‹ in Weimar gegründet. Weißt du übrigens, daß er das Lied genau in deinem Geburtsjahr gedichtet hat, 1818?

Es wird ja heute schon in vielen Ländern der Welt gesungen.«

»Auch das Lied ›Stille Nacht, heilige Nacht‹, ist in meinem Geburtsjahr entstanden und wird auch in aller Welt gesungen. Der Hilfspfarrer Josef Mohr und sein Schulmeister Franz Gruber von Arnsdorf im Zillertal in Österreich haben es zusammen gemacht. Darüber gibt es ein Gedicht: ›Stille Nacht, heilige Nacht, wer hat dich o Lied gemacht? Mohr hat dich so schön erdacht, Gruber zu Gehör gebracht, Pfarrer und Lehrer vereint.‹«*

Aber nun müssen sich die Eltern wieder den Kindern zuwenden. »Das größte Geschenk an Weihnachten ist das Jesuskind. Wir wollen heute abend aber auch unserem Vater im Himmel für unsere Kinder danken. Unsere lieben Mädchen und der kleine Rudolf sind uns ein Gottesgeschenk. Wir wollen noch deinen

* *Raiffeisen hat immer sehr viel Wert darauf gelegt, daß Pfarrer und Lehrer im Dorf bei den Darlehnskassen mitwirken.*

Liedwunsch erfüllen, liebe Emilie, auch wenn die Kleinen das Lied noch nicht gelernt haben«, sagt der Vater. Und sie singen von ganzem Herzen: »O du fröhliche, o du selige, gnadenbringende Weihnachtszeit! Welt ging verloren, Christ ist geboren: freue dich, o Christenheit!«

Amtsaufgaben

Das neue Amtsgebäude gibt dem nun 36jährigen Bürgermeister neuen Auftrieb, der eigentlichen Arbeit nachzugehen. Das Aufgabengebiet hat sich in Heddesdorf erweitert. Die Gemeinde lebt nicht nur von der Landwirtschaft, es gibt auch Handwerk, Gewerbe und Handel, auch Industriearbeiter, die im benachbarten Neuwied beschäftigt sind. Hier wird Raiffeisen mit der Not der Arbeiter konfrontiert. Es gibt mehr Erwerbssuchende als offene Stellen. Die Folge davon sind Hungerlöhne, die auch Kinder zur Fabrikarbeit zwingen. Viele verwahrloste oder elternlose Kinder streunen in der Gegend umher. Einbrüche sind an der Tagesordnung. Auch bei vielen kleinen Handwerkern ist große Not durch Verschuldung entstanden. Diese sozialen Mißstände bedrücken den Bürgermeister.

Auch hier bewährt sich seine Fähigkeit als Verwaltungsbeamter. Seine in Weyerbusch und Flammersfeld gesammelten Erfahrungen kommen voll zum Tragen. Durch fleißigen Verkehr mit den Leuten seines Amtsbezirks verschafft er sich Klarheit über alle Verhältnisse. Einmal in der Woche fährt er zu den Baustellen der vom Westerwald nach Neuwied führenden »Rheinstraße«. Er leitet wie ein Kenner des Baufaches die öffentlichen Bauvorhaben in seinem Bezirk. Unermüdlich arbeitet er an der wirtschaftlichen und kulturellen Hebung des seiner Aufsicht anvertrauten Gebietes.

Der Wohltätigkeitsverein

Von Amts wegen kann Raiffeisen in vielen Notfällen nicht helfen. Privat kann er trotz der puritanischen Lebensweise und seiner sparsamen Frau Emilie nur wenigen echt helfen. So wendet er sich an seine zahlreichen Freunde in der Umgebung von Neuwied und gründet mit seinem Schwager, Pfarrer Renckhoff, von dem naheliegenden Kirchspiel Anhausen, den »Heddesdorfer Wohltätigkeitsverein«. 58 Personen treten dem Verein im Mai 1854 bei. Die Satzung ist vom Februar, die erste Generalversammlung wird am 22. Juli 1854 abgehalten. Die Aufgaben des Vereins sind in Paragraph zwei der Satzung festgelegt:

Von dem Gesichtspunkt ausgehend, daß durch die Hebung der leiblichen Wohlfahrt auch die geistige gehoben wird, hat der Verein den Zweck, für die erstere nach Möglichkeit zu wirken und seine Wirksamkeit auszudehnen. Namentlich soll sich diese aber auf die Fürsorge verwahrloster Kinder und deren Erziehung, auf die Beschäftigung arbeitsscheuer Personen und entlassener Sträflinge, auf die Beschaffung von Vieh für unbemittelte Landwirte und endlich auf die Errichtung einer Kreditkasse für die geringere Klasse erstrecken . . .

»Hier, Wilhelm, der Amtsschreiber hat heute einen Brief an dich privat gebracht. Er ist von Freund Albrecht Schoeler aus Andernach und ganz schön dick«, sagt Emilie. Der Bürgermeister war den ganzen Tag zu einer Beratung in Irlich. »Du darfst ihn aufmachen und lesen, Emilie, mir brennen die Augen und ich bin recht müde.«

Sie öffnet und liest: »Lieber Miles! Hier schicke ich dir ein Belegexemplar der ›Hunsrücker Chronik‹ über den Wohltätigkeitsverein. Ich habe den Bericht verfaßt und hoffe, du bist mit dieser Veröffentlichung einverstanden. Es grüßt dich und Emilie, dein Albrecht Schöler.«

»Kannst du den Artikel auch gleich lesen, Emilie?« Sie schlägt die beigelegte Zeitung auf, findet die Überschrift »Der Wohltätigkeitsverein zu Heddesdorf« und liest:

»Weil der Bürgermeister zu Heddesdorf zum Tun frischen Mut, geschickten Sinn und feste Hand hat und ihm die Not der Armen, Bedrängten und Gefährdeten nahegeht, so hat er kürzlich mit Hilfe seiner Freunde für seinen Verwaltungsbezirk einen Wohltätigkeitsverein gegründet. Der Verein ist ein Stamm vieler Zweige

und will mancherlei Not hilfreich beispringen. Er hat die christlich-sittliche Kräftigung der Elenden des Volkes im Auge und denkt mit dieser Absicht sein Öl zunächst in die sichtbaren Wunden zu gießen und das äußere Weh und Leid zu pflegen. Denn sicher ist die leibliche Verkommenheit ein Haus, in dem der Geist zumeist verkümmert, und wird mit tausend Sorgen als mit schweren Ketten in den Staub gebunden. Drum ist's ja ein christlich Werk, solchen äußerlichen Schutt und Moder mit weiser Klugheit hinauszuschaffen. So gelangt die unverdrossene Liebe ans Herz der Elenden und bringt ihnen den verlorenen Mut wieder und richtet den gesunkenen Glauben samt Gottesfurcht und Ehrgefühl wieder auf.

Der Verein sieht die Leute scharf darauf an, wie ihnen geholfen werden sollte. Der verschämten Armut, welche ihre Kräfte gerne rühren möchte für das tägliche Brot, aber müßig und traurig am Markte steht, weil sie niemand gedingt hat, wird Arbeit und Lohn gegeben. Die bettelhafte und arbeitsscheue Armseligkeit wird zu einem ehrlichen und geordneten Fleiß in Dienst genommen. Dabei ist hier natürlich der faule und liederliche Bettel auf das strengste verboten, auch wird wider ihn der gesetzlich Ernst aufgerufen und ausgeführt, so wie auch die christliche Regel heißt: ›Wer nicht arbeiten will, der soll auch nicht essen‹ (2 Thes 3,10). Die entlassenen Sträflinge zählt der Verein ganz besonders zu seinen Schutzbefohlenen. Er gedenkt, sie in seinem Schoß und unter seiner Pflege für das öffentliche Leben wieder zu Ehren zu bringen. Eine besondere Einrichtung hat der Verein gestiftet wider den Wucher, welcher zumeist den geringen Mann auf dem Lande so unzählig oft als eine starke, heimtückische Auszehrung beschleicht und saugt ihm langsam und sicher das Blut und Mark seines bescheidenen Erwerbes aus. Man weiß oft nicht, wie es zugeht, daß so ein Bauersmann, der sich es doch ehrlich sauerwerden läßt, auf seinem Acker kärglich und sparsam lebt und sich männlich plagt, daß er dennoch von Jahr zu Jahr tiefer herunterkommt. Er seufzt und sträubt sich vergeblich wider das arme Elend. Er selbst weiß wohl, wo der Wurm sitzt, darf es aber nicht sagen: nämlich da, wo vor etlichen Jahren ein Mißwuchs oder ein Unglück im Stall ihn um eine Kuh oder sonstiges Vieh gebracht hat. Und weil der Ausfall gleich wieder ersetzt werden mußte, da sonst der Schaden noch weiter reißt, so geht er hin, sich ein Kapitälchen zu borgen. Der, von welchem er es zu kriegen denkt, spricht zu ihm: ›Ich gebe dir 90 oder 80 Taler, du bezahlst mir aber die Zinsen, als wenn es 100 voll wäre‹, oder: ›Ja, du sollst das Geld haben, aber außer den Prozenten mußt du mir noch soundsoviel Arbeit auf meinem Felde tun‹, oder: ›Wenn du bis dann und dann Kapital und Zinsen nicht gezahlt hast, so muß ich ein Recht zu deinem Acker oder zu deinem Vieh haben.‹ – Der arme Mann verpflichtet sich zu allem, denn die Not drängt und schüchtert auch Klugheit ein, sonst müßte er merken, daß ihm der Wucher eine Schlinge um den Hals wirft. Die Termine rücken heran. Es wird ihm heiß und kalt, aber mit dem Bezahlen kann er es nicht machen. Was er eben losbringen kann in seiner Wirtschaft, schleppt er dem Viehverleiher zu und bettelt um Ausstand. Der gibt Ausstand, aber unter neuen, schwereren Bedingungen. So läuft es auf, bis er zuletzt keinen Pfosten am Haus, kein Handbreit Land und keinen Strohhalm mehr sein eigen nennen kann. So hat ihn der verfluchte Wucher zugeschnürt und ganz ausgepreßt, und er verstand dazu noch all seine Schurkerei so listig zu verklausulieren, daß wenn schon die Steine schreien ob seiner Ungerechtigkeit, das Gesetz ihm doch nicht an den Leib kann. Aber der arme zertretene Mensch schneidet sich am nächsten Zaun einen Bettelstab, da er sich doch wohl hätte mit seiner Hände Arbeit ehrlich ernähren können, wenn ihm zur rechten Zeit der Not ein mitleidiger Freund nur ein wenig unter die Arme gegriffen hätte.

So ein mitleidiger Freund in der Not will nun der Wohltätigkeitsverein in H. dem geringen Handwerks- und Bauersmann sein; zwar nicht ein Faulbett und Ruhekissen, auf welchem der Träge, dieweil er Hand und Fuß nicht rühren mag und allerhand böse Hintergedanken im Schilde führt, sich auszustrecken Gelegenheit fände, sondern die Hilfe des Vereins ist ein sicherer Stab, welchen der bedrängte Mensch selbst zur Hand nehmen muß, um damit wacker aus der Schwierigkeit, Kluft und Klemme sich herauszuhelfen, und danach gibt er ihn wieder zurück; und ferner soll demnach die Hilfe sein ein Angeld auf Leistung, Treue, Sparsamkeit und Ehrlichkeit.

Der Verein gibt aus seiner Kasse dem Bedrängten zu billigen

Zinsen ein Darlehen oder kauft ihm ein Stück Vieh, wenn er es bedarf, und die Rückzahlung geschieht mit fünf Jahren zu gleichen Teilen. Und darin übt der Verein auch eine Wohltätigkeit, daß er das Innehalten der Termine streng bewacht, denn zu große Nachsicht mit dem Schuldner ist allerdings eine gefährliche Barmherzigkeit und verführt ihn leicht zu unordentlicher Schlepperei. Hieraus ist ersichtlich, daß der Verein an allen, welche in seinen Schutz sich begeben, mit der äußeren Pflege zugleich eine innere Zucht ausübt, und wer sich derselben nicht fügen will trotz guten Rates und ernstlicher Mahnung, von dem zieht er Hand und Hilfe zurück. Auch die Sorge für verwahrloste Kinder nimmt der Verein auf seine Seele. Und damit die Kleinen möglichst weit aus der gefährlichen Nähe ihrer häuslichen Heimat entfernt werden, knüpft er Verbindungen mit entfernten Rettungsanstalten an und tritt zu Austausch in Wechselbeziehungen mit auswärtigen Vereinen.
Endlich läßt sich der Verein auch angelegen sein, in den Gemeinden seines Bezirks Volksbibliotheken zu gründen. Seine Geldmittel verschafft sich der Verein teils durch freiwillige Beiträge der Mitglieder, teils durch Sammlungen bei Nichtmitgliedern und teils durch Anleihen. Der Vorstand des Wohltätigkeitsvereins besteht aus fünf Gliedern. Sie wählen den Präses aus ihrer Mitte. Der Vorstand erweitert sich durch Hinzutritt von noch acht Männern zu einem Verwaltungsrat, welcher sämtliche Vereinsangelegenheiten zu überwachen hat.
Zur besonderen Ausführung und Leitung jeder einzelnen Tätigkeit ist aus dem Verwaltungsrat ein Zweigausschuß gebildet, welcher das Recht hat, nach Bedürfnis durch Helfer und Agenten sich zu stärken. So helfe nun Gott, daß diesem Verein viel Leben, Kraft und Fröhlichkeit aus der Höhe komme und aus der Tiefe des Evangeliums, aus welchem allein die barmherzigen Samariter geboren werden, damit also im Volk wieder ein Brunnen des Wohltuns und Leib und Seele aufgeschlossen sei.«

»Das ist ja toll, was der Schoeler da verfaßt hat und daß er durch seine Beziehungen den Artikel gleich in die Zeitung gebracht hat«, kommentiert Raiffeisen begeistert von seinem Sessel aus. »Ich muß dir, Emilie, auch einmal meine Motive von der ›Organisation und Durchführung des Spar- und Kreditwesens‹ vortragen.«

»Ein andermal, Wilhelm, es ist Zeit zum Abendessen, und die Kinder müssen auch versorgt werden.«

Die Spar- und Kreditkasse

»Emilie, ich habe dir ja versprochen, mehr von meinen Plänen zu erzählen«, sagt Wilhelm an einem folgenden Abend. »Es liegt mir noch immer schwer auf dem Magen, daß wir damals für den ›Flammersfelder Hilfsverein‹ die Korporationsrechte nicht erhielten, weil wir den Verein mit einer Sparkasse verbunden haben.

Ich habe inzwischen das preußische Sparkassengesetz von 1838 studiert. Es ist viel zu theoretisch und mit Paragraphen gefüllt, die nur Juristen verstehen. Ich lese dir einfach einmal einige Abschnitte aus den von mir verfaßten ›Motiven‹ vor:

›Gebe man der Rheinprovinz unter ihrer und der Gemeinden Garantie zwei Millionen unverzinsliche Geldnoten und die Erlaubnis, vorläufig etwa vier Millionen oder nach dem Bedarf auch mehr, unkündbar, auf den Inhaber lautende Pfandbriefe zu 4 Prozent auszugeben und mit dem Gelde den Kreis-Kredit-Vereinen der Provinz die nötigen Mittel zu geben, so ist das Bestehen der Kreis- und Lokal-Vereine gesichert, den Kapitalisten, welche ihr Geld nicht unterzubringen wissen, eine sehr gute Gelegenheit dazu geboten, kurz, es ist allen Klassen der Bevölkerung geholfen.

Zum Beispiel könnten Kredite gegen 4,5 oder 5 Prozent mit einer halbprozentigen Tilgung gegen hypothekarische Sicherheiten gegeben werden, und vielleicht lassen sich Kapitalisten finden, die bereit sind, Grundstücke anzukaufen und durch Ent- und Bewässerung so zu verbessern, daß deren volkswirtschaftlicher Wert wesentlich erhöht wird.

Die Gemeinden eines Kreises bilden den ›Sparkassen- und Kredit-Verein für den Kreis NN‹, dessen Aufgabe es ist, Ersparnisse entgegenzunehmen und Vorschüsse aus diesen Spareinlagen und durch Aufnahme von Anleihen zu beschaffen. Die

Gemeinden nehmen die Garantie im Verhältnis ihrer Einwohnerzahl und haften als Gesamtschuldner. Kredite werden in erster Linie aus den Spareinlagen gegeben, Anleihen nur mit Vorsicht, nach und nach, nämlich nach Bedarf, aufgenommen. Einlagen und Anleihen sollen die 100000-Taler-Grenze nicht überschreiten. Die örtlichen Vereine können für die Beschaffung von Immobilien, Vieh und Wirtschaftsgütern mit 5 Prozent verzinsliche Darlehen geben. Die Raten sind in Strenge einzutreiben.‹«

Emilie hört geduldig zu und streichelt seine Hand zum Zeichen, daß sie auch etwas sagen möchte. »Mich interessiert das alles mächtig, aber die Einzelheiten brauche ich ja nicht alle zu wissen.«

»Ich wollte sowieso schon gleich aufhören. Hier wären noch die ausgearbeiteten Mustersatzungen, die ich sorgfältig formuliert habe und die eigentlich jedes Risiko ausschließen sollten. Die Darlehensvergabe ist zum Beispiel bewußt dezentralisiert.«

»Wie willst du nun aber diese Pläne verwirklichen, Wilhelm?«

»Ich habe die Reinschriften über den Landrat nach Koblenz gesandt und um einen mündlichen Termin zur Erläuterung gebeten.«

»Hast du schon eine Antwort?«

»Ja, Oberpräsident von Kleist-Retzow hat sie nach Berlin weitergeleitet und wartet jetzt auf ein Gutachten von dort. Er ist für die Sache zugänglich. Leider geht er bald in Ruhestand. Er hat mir eine Aufstellung über die Entwicklung der Sparkassen von Preußen gesandt. Da steht: Im Jahre 1839 kam auf 175629 Einwohner eine Sparkasse. Das Guthaben betrug pro Kopf der Bevölkerung 0,41 Taler. 1849 kam schon auf 74232 Personen eine Sparkasse, bei einem Guthaben von 1,01 Talern. Jetzt gibt es für ganz Preußen 211 Sparkassen, aber was ist das schon für ein so großes Land? Vor allem in ländlichen Gebieten sind nirgends Sparkassen vorhanden.«

Der Einbruch

»Heute mittag war Thomas Wendt da«, sagt Emilie zu Wilhelm, als er von einer Ortsbesichtigung zurückkommt. »Wer ist Thomas

Wendt?« fragt Wilhelm seine Frau, die ein weit besseres Namensgedächtnis hatte.

»Kennst du ihn nicht mehr? Mit ihm hast du doch um dein Leben gekämpft.« – »Ach ja, jetzt erinnere ich mich wieder an den Einbrecher. Aber hat der nicht 18 Monate Haft erhalten?« »Doch, die Zeit ist aber schon vorbei. Er war da und hat gesagt, daß er nach der Entlassung zu dir kommen soll. Du wolltest ihm einen Arbeitsplatz vermitteln. Er kommt heute abend nochmals vorbei. Ich bin ganz schön erschrocken, als er mir seinen Namen sagte. Mein Herz verträgt nicht mehr viel.«

»Ja, richtig, damals nach dem Einbruch hattest du deinen ersten starken Herzanfall, und auch meinen Nerven hat das nicht gut getan. Du hast ja als erster die Geräusche im Büro gehört. Ganz verschlafen bin ich mit der Sturmlaterne hinuntergeschlichen. Aber die Treppe hat geknarrt, und so fiel er gleich über mich her. Wenn ich nicht beim Militär auch für den Nahkampf ausgebildet worden wäre, wäre es mit mir aus gewesen. Er hatte gleich ein Messer zur Hand, und wir haben lange miteinander gerungen, bis du mit der Polizei kamst.«

Nach einer kurzen Pause redet Raiffeisen weiter. »Wendt hat mich ja dann vor dem Gendarm angefleht, ich solle doch von einer Anzeige absehen und Gnade vor Recht ergehen lassen. Doch als Bürgermeister konnte ich das nicht und wollte auch nicht. Dafür habe ich ihm versprochen, mich nach seiner Entlassung für ihn einzusetzen. Wir können ihn zum Schwager Renckhoff nach Anhausen schicken. Er hat einen Ziegeleibesitzer in der Pfarrei, der auch zu unserem Verein gehört; der wird ihm Arbeit geben.«

»Das ist die Amtsstube, in die Sie vor eineinhalb Jahren durchs Fenster eingebrochen sind«, eröffnet der Bürgermeister das Gespräch mit Wendt. Der warmherzige Ton zeigt Wendt, daß ihm der Bürgermeister nicht mehr grollt, und Raiffeisen sagt ihm auch, daß er ihm seine Untat vergeben möchte. Viel Zeit nimmt die Lebensbeichte von Wendt in Anspruch, aber Raiffeisen hat ihn dazu ermutigt und jetzt muß er ganz zuhören. Zum Schluß erzählt Wendt noch:

»Im Knast in Koblenz erzählte man von Ihnen in Heddesdorf. Wie Sie manchmal durchgreifen. Einer war bei der Gruppe, die nach der Musterung spätabends betrunken durch die Straßen gepöbelt ist und die Passanten belästigt hat. Polizei war wohl nicht in der Nähe. Auf einmal spürten die Burschen Stockschläge auf sie heruntergehen. Sie waren so überrascht, daß sie auseinanderstieben, ohne sich zu wehren. Einer hat Sie gleich erkannt und entsetzt geschrien: ›Der Bürgermeister, der Bürgermeister!‹ Man erzählt dort auch, was Sie und Ihr Verein alles für Arme, Waisen und Strafentlassene tun. Ich bin Ihnen unheimlich dankbar für Ihre Hilfe. Ich möchte mit der Stelle in der Ziegelei mein Leben neu beginnen.«

»Manches, was von mir berichtet wird, ist übertrieben. Ich bin auch nur ein sündiger Mensch, der täglich Gottes Vergebung braucht«, antwortet Raiffeisen bescheiden.

Sozialhilfegesetze

Bei Pfarrer Renckhoff in Anhausen darf Wendt eine Nacht bleiben. Sie reden noch über Raiffeisen und den Wohltätigkeitsverein. Weil Wendt Interesse zeigt, gibt ihm Renckhoff noch eine Nachschrift einer Rede, die Raiffeisen kürzlich gehalten hat. Unter dem Thema »Armengesetzgebung« heißt es dort: ». . . so geht es weiter, und die Grenze ist schwer zu finden. Mit den neuen Gesetzen wird auf Kosten der überlasteten Gemeinden schwer gesündigt. Die Behörden sind freigiebig, denn von fremdem Leder ist gut Riemen schneiden. Der gesetzlich geförderte Unterstützungszwang ist in vieler Beziehung schädlich, wirkt sittenverderbend, untergräbt die Religiosität, erzeugt Undank auf der einen und beseitigt die Nächstenliebe auf der anderen Seite.«

Der Schluß der Ansprache zeigt Raiffeisens vor Liebe überquellendes Herz, seine in Christus gegründete Nächstenliebe. Wendt buchstabiert auch einige Sätze daraus:

Wir haben eine Armen-Strafgesetzgebung. Sie ist vom allerhöchsten Gesetzgeber erlassen und steht in der Bibel. Sie hat nur einen Paragraphen und sagt mehr als alle weltlichen Strafgesetze. Es heißt: »Wer nicht arbeiten will, der soll auch nicht essen« (2 Thes 3,10). Ja, dieser Paragraph würde genügen. Der Hunger würde die Arbeitslust und Sparsamkeit wecken. Wenn nicht, wäre es besser, den Verirrten dem zu überlassen, ohne dessen Wissen kein Haar vom Haupt fällt. Laßt ihn hungern, und wenn er will, verhungern. Das Beispiel wirkt mehr als alle weltlichen Strafgerichte. Unser Heiland und Erlöser hat uns die Anwendung dieses göttlichen Strafgesetzes in der Geschichte vom verlorenen Sohn vorgeführt. Lassen auch wir den Verirrten sich selbst überlassen, bis er gebessert zurückkehrt. Auch heutzutage noch werden ihm die Herzen entgegenschlagen, wird ihm die Kirche Trost und Hilfe gewähren.

Aber wir haben nicht allein ein Armen-Strafgesetz, sondern auch ein Armengesetz. Es ist tief eingegraben in jedes Menschen, in jedes Christen Herz, und wer auf die Stimme seines Herzens hören will, der kennt es. Wir haben ein Armengesetz, es bringt nicht Fluch, nein, nur Segen. Es ist wiederum erlassen von dem allerhöchsten Gesetzgeber. Es hat nur einen Paragraphen, und der sagt mehr als 100 Paragraphen einer bestens ausgearbeiteten rechtlichen Armengesetzgebung. Es heißt: »Du sollst deinen Nächsten lieben wie dich selbst« (Lk 10,27).

Erholung in der Schweiz

Leider wird das Glück der Familie durch viele Krankheiten schon früh getrübt. Neben dem Augenleiden hat der Vater schon bald auch mit Rheumatismus und neuralgischen Beschwerden zu kämpfen, während die Herzkrankheit der 32jährigen Mutter sich langsam verschlimmert. Zu ihren vier Kindern hat sie ein Hausmädchen aus sozial schwierigen Verhältnissen. Dazu nehmen beinahe täglich Gäste an den Mahlzeiten teil.

Raiffeisen gönnt sich zu Hause niemals Ruhe. Er arbeitet unermüdlich. Er wandert und geht auf Reisen, wenn sich seine nervliche Erschöpfung bemerkbar macht. In der Natur, vor allem im Wald, und im Umgang mit einfachen Leuten findet er Erholung und neue Kraft.

Wie Raiffeisen mit den Leuten schnell Kontakt findet und daraus praktische Nutzanwendung sucht, lesen wir in einem Brief an seine Frau, den er aus einem Erholungsaufenthalt in der Schweiz schreibt:

Walenstadt, den 20. Juni 1858

Geliebte Emilie,

ich bin hier gestern gut angekommen. Ich sitze hier in einem großen Schweizer Haus, am See. Der Wirt ist Weber. Das Weben geschieht in einem Halbkeller. Der einzige Eingang dahin führt durch eine enge Falltüre über eine steile Treppe. Ist die Falltüre geschlossen, so hört man im Wohnzimmer nichts von dem Lärm der Webstühle. Das Gewebe besteht aus ganz feinem Weißzeug mit verschiedenen Blumen und sonstigen Mustern, so fein, als wenn sie gestickt wären. Die Leute bekommen das Garn von einem Fabrikanten. Was das Material kostet und wozu es dient, wissen sie nicht. Jedes Mädchen, das sind die Töchter des Wirts, kann bei gehörigem Fleiß täglich zwölf Groschen verdienen. Sie kennen nur wenig Bedürfnisse. Auf den Bergen wächst nichts als Gras und Holz, auch nicht einmal Gemüse. Niemand hat einen Garten. Im Sommer leben die Leute von Milch, Mehlspeise und Brot; im Winter von Kartoffeln, Kaffee und Brot. Meine Wirtsleute haben 18 Stück Vieh. Das Vieh ist von morgens bis abends auf der Weide. Aus dem Rahm wird Butter gemacht, aus der Milch Käse. Umgang haben die Leute wenig. Wenn man Genügsamkeit und Zufriedenheit studieren will, muß man zu diesen Bergbewohnern gehen.

In einem späteren Brief aus Walenstadt heißt es:

Die vielen Naturschönheiten, welche ich außerordentlich liebe, haben mich reichlich entschädigt für die Mühen des Marsches. Ich kann das jetzt schon sagen und habe noch bei weitem die schönsten Partien vor mir. Ich hatte aber auch fortwährend einen sehr guten Begleiter. Als ich anfangs so einsam dahinwanderte, bat ich Gott, mein Begleiter zu sein und mich auf meinem Wege zu behüten und zu bewahren. Er hat meine Bitte köstlich erhört. Ich habe mich nie einsam gefühlt und mehr überstanden als ich mir anfangs zugetraut hatte.

Aus Veldenz schreibt er:

Abends kehrte ich wieder in meinen Gasthof zurück. Ich fand dort sieben Gäste: einen Landgerichtspräsidenten mit zwei Schwestern, einen Offizier, zwei Gerichtsassessoren und einen Arzt. Die letzteren führten ein sehr gelehrtes Gespräch über Baukunst. Schließlich überlegten sie, wie früh sie andern Morgens aufstehen möchten. Einer meinte, den »Gebildeten« stehe es zu, lange zu schlafen. Als ich andern Morgens gegen 8 Uhr abging, lagen sie noch in guter Ruhe. Des Hauses Sohn begleitete mich. Er war ein schlichter Bauer, der Morgen war köstlich. Die frische Luft, der schöne Tag, die duftenden Wälder, der rauschende Waldbach, der herrliche Gesang der Vögel, welche sich ihres Daseins freuten und ihrem Schöpfer ihr Loblied darbrachten, all das erquickte und erfrischte mich so, daß ich mich gedrungen fühlte, meinem Begleiter meine Empfindung mitzuteilen. Er ging sofort lebhaft darauf ein und sagte: Welch arme Menschen sind es doch, welche jetzt noch schlafen. Sie verschlafen den schönsten Teil ihres Lebens. Wie herrlich ist die Natur gerade am Morgen! Wie führt ihre Schönheit, ihre feierliche Stille, der erfrischende Duft und der Gesang der Vögel den Menschen so unwillkürlich zu seinem liebevollen Vater dort oben.

Auf der Rückreise von der Schweiz macht Raiffeisen erst einen Besuch bei seinem Vetter Karl Raiffeisen, inzwischen Dekan in Langenburg. An seine Frau schreibt er von dort über das Familienleben:

Kurz vor der Ankunft in Langenburg hörte ich von einem Mitreisenden über die sehr sparsame Frau des Dekans, daß sie für ihre sechs Töchter, um die langen teuren spitzenbesetzten Unterhosen zu sparen, nur Beinlinge mit Spitzenbesatz genäht habe. . . . Ich kann dir nicht beschreiben, welch schöner Geist in dieser Familie ist. Es ist der Geist des inneren Friedens, der nur von Gott kommen kann. Heiterkeit, Freundlichkeit, Sanftmut und Liebe zeigt sich in aller Blicken, in aller Tun und Treiben. Unsere Base ist ein paar Jahre älter als du, von unserer Freundin

Hedwigs Größe und kräftig. Man braucht ihr nur in das offene, liebe Gesicht zu sehen, um sich gleich zu ihr hingezogen zu fühlen. Bei der großen Freundlichkeit und Sanftmut, sieht man in dem ganzen Haus ihr stilles Walten. Die kleine »Haushaltungsmaschine« geht unbemerkbar vorwärts. Die treibende Kraft ist die Liebe. Keinen unfreundlichen Blick, kein unfreundliches Wort sieht und hört man. Dabei ist überall die strengste Ordnung.

Predigt in Stuttgart

Einige Tage später schreibt er aus Stetten in Hohenzollern an seine Frau von der Weiterreise:

Als ich meinen vorigen Brief beendigt hatte, reiste ich bald nachher von Langenburg ab. Es war dies am Samstagabend. Sonntagmorgen gegen 8 Uhr war ich in Stuttgart, wo ich den Sonntag zubringen, namentlich auch den berühmten Prälaten Kapff predigen hören wollte. Ich kehrte im Hotel Dierlamm ein, welches mir von Schoeler und Heuberger empfohlen worden war. Herr Dierlamm ist seines Zeichens ein Schuster. Er arbeitet mit 16 Gesellen. Daneben hat er eine Gastwirtschaft, die ziemlich besucht wird. Er ist ein sehr dicker, interessanter Mann, bekannt wegen seines streng religiösen Lebens. Seine Glaubenssätze und Ansichten sind so klar und fest begründet, wie sie wohl selten bei einem Mann dieses Schlages gefunden werden. Obgleich ihm Kapff, wie er sagte, »zu populär« predigte, und er einen anderen Pastor vorzog, ging er mir zuliebe mit in den Dom oder die »Stiftskirche«, wie der Dom in Stuttgart genannt wird. Die wunderschöne Kirche war so voll, daß viele stehen mußten. Ungeachtet der großen Menschenmasse war eine große Stille während der Predigt. Der Text über das Senfkorn war aus dem Markusevangelium, Kapitel 4,26–32. Mit einer unvergleichlich ruhigen und doch so gewaltigen Beredsamkeit wurde diese Predigt vorgetragen. Man fühlte, wie alle Zuhörer mit fortgerissen wurden. Ungeachtet, daß ich die Nacht durchgefahren und recht müde war, verlor ich kaum ein Wort. Zuerst stellte der ausgezeichnete Redner die Größe und Herrlichkeit des seligmachenden Reiches Gottes dar und ging dann über auf die Förderung desselben durch Aussaat des glücklichen Samens. Er begann mit der Hausfrau. Ihre Pflicht sei es, in die zarten, jungen Kinderherzen durch Erzählungen aus der Heiligen Schrift, namentlich der herrlichen Christusgeschichte, den ersten köstlichen Samen zu streuen. Der Mann solle dann für die ferneren Wege und gemeinschaftlich mit dem Weibe das Reich Gottes in der Familie fördern. Dann wurde übergegangen zu Verpflichtungen der Schule und der Kirche. Ein Teil der württembergischen Kammermitglieder hatte sich bei Beratung des Schulgesetzes sehr wohl dagegen ausgesprochen, daß ein Teil der Stunden in den Elementarschulen für den Religionsunterricht verwendet werden. Damit wolle man das Volk »verdummen«. Prälat Kapff wies nach, wie gerade das Christentum die wahre Liebe fördere und nur zu dem Ziele führe, welches die Menschen erreichen sollen. Er ging dann über zu der Regsamkeit in bezug auf religiöses Streben in Nordamerika, forderte zu gleicher Regsamkeit auf und stellte dann an jeden die Bitte, damit zu beginnen, doch jeden Tag nur einen Vers aus der Bibel zu lesen, hoffe aber, daß es bei den meisten bei einem Vers nicht bleiben werde. Die Predigt machte einen gewaltigen Eindruck und hatte gewiß auch eine große Wirkung.

Im gleichen Brief berichtet Raiffeisen noch von der Familie seines Bruders Louis, der Leiter des Salinenbergwerks in Stetten/Hohenzollern geworden war. Dort lebt auch seine 73jährige Mutter, die nun inzwischen sehr schwach geworden ist. Im Brief geht es weiter:

Erweckung in Hohenzollern

Gestern nachmittag gingen Louis und ich nach Bietenhausen und Höfendorf, den Orten, wo die Katholiken zur evangelischen Kirche übergetreten sind. Ich erkundigte mich ganz genau. Die Leute waren über unseren Besuch sehr erfreut und dankten uns. Der Beginn einer Erweckung in dieser Gegend fand vor ungefähr 40 Jahren statt. Für die Katholiken war es damals und ist es heute noch schwer, zur Bibel zu gelangen. Wie mir gestern ein Mitglied der neuen Gemeinde sagte, kostet eine katholische Bibel noch zwölf Gulden. Vor ungefähr 40 Jahren kaufte der damalige Schulmeister, der Großvater des oben erwähnten Mannes, eine alte Bibel. Er las eifrig darin und fand viele Widersprüche zwischen der Lehre seiner Kirche und der Heiligen Schrift. Er teilte dies anderen mit. Nach und nach bildete sich ein größerer Kreis, worin die Heilige Schrift gelesen wurde. Auf Betreiben der Geistlichkeit griff nun die Regierung ein. Es fanden Bestrafungen statt, manche erhielten mehrere Monate Gefängnis. Andere ließen sich abwendig machen. Die meisten aber blieben ihrem neuen Bekenntnis treu. Die Entschiedensten traten dann über, und zwar, wie ich genau weiß, in Bietenhausen 29 und in Höfendorf sechs, also im ganzen 35 Personen . . . Wenigstens die gleiche Anzahl sind dem neuen Bekenntnis von Herzen zugetan. Sie hatten nur noch nicht den Mut, überzutreten, sind aber unter Umständen, besonders wenn Kirche und Schule eingerichtet werden, leicht dazu bereit. Bietenhausen liegt am entferntesten. Wir waren dort zuerst. Auf dem Rückweg waren wir in Höfendorf; das kleine Häuflein mit noch einigen Nichtübergetretenen war in einer Andachtsstunde versammelt. Louis übernahm sofort das Vorlesen. Danach wurden einige Verse gesungen, und es hielt dann einer der Übergetretenen ein freies, kräftiges Gebet.

Diese Andachtsstunde und alles, was ich gesehen und gehört habe, machte einen erhebenden Eindruck auf mich. Wenn man den festen, zuversichtlichen Glauben dieser Leute und die Furchtlosigkeit bei dem Bekenntnisse sieht, so muß man sich schämen. Auch über Louis habe ich mich sehr gefreut. In der evangelischen Regierung von Hohenzollern fanden die Leute bis dahin keine Stütze. Die Förderung durch die Geistlichen, namentlich durch Pfarrer Innk, war bis dahin eine laue, ängstliche, furchtsame. Louis hat sich der Leute ohne Scheu auf das kräftigste angenommen, was diese denn auch, wie ich fand, sehr dankbar anerkannten. Er war auch die Veranlassung zu dem öffentlichen Gottesdienst bei dem Übertritt. Wenn hier von evangelischer Seite kräftig nachgeholfen wird, so hat sie ein sehr reiches Feld ihrer Wirksamkeit.

Geselligkeit und Wissenschaft

In Heddesdorf vertieft Raiffeisen seine Beziehungen zu angesehenen Personen des öffentlichen Lebens der Umgebung. Die Bekanntschaft mit Seminardirektor Schneider, Oberlehrer Terlinden, Töchterschulvorsteher Dr. Schwalb, Landrat Heuberger und Apotheker Dietz entstand in der Zeit, als sie über ein Jahr direkt in Neuwied wohnten. Raiffeisen wird Mitglied der dortigen wissenschaftlichen und literarischen Gesellschaft. Die Aktivitäten und Ziele der Gesellschaft ähneln sehr denen des Jugendverbands »Euterpia«.

Es ist ein sehr angeregter Kreis, in welchem wissenschaftliche und literarische Vorträge von den Mitgliedern gehalten werden, in dem auch Geselligkeit und Frohsinn herrschen. Die befreundeten Familien machen Ausflüge den Rhein hinauf und hinab sowie in die Berge. Mit Kind und Kegel zieht man los, bepackt mit Proviant. Der Bürgermeister ist gewöhnlich der Anführer, er entwirft die Pläne mit anerkanntem Geschick. Sein Mutterwitz treibt unerschöpflich die schönsten Blüten, und seine ganze innere Fröhlichkeit kommt hier ungehemmt zur Erscheinung und steckt alle an. Ein von Raiffeisen eigenhändig niedergeschriebenes und von den Teilnehmern unterzeichnetes Papier einer Landpartie nach Monrepos im Jahre 1858 gibt eine Probe von Humor, der in dem fröhlichen Kreise herrscht. Monrepos ist ein zehn Kilometer nördlich von Neuwied auf dem Lande liegendes fürstlich-wiedsches Lustschloß mit schönem Park und prächtiger Aussicht über das Rheintal von Koblenz bis Neuwied und auf die vorderen Höhen der Eifel, noch heute ein beliebter Ausflugsort der Neuwieder. Das erwähnte Programm hat folgenden Wortlaut:

PROGRAMM
zu der ersten großen Landpartie im Jahre 1858
nach
Monrepos

1. Die Gesellschaft, bestehend aus den ganzen Familien, jung und alt, zieht morgens um 6 Uhr aus, und kehrt abends zurück.

2. Der Transport findet auf Leiterwagen von Segendorf statt, welche die Gesellschaft in Heddesdorf abholen, nach Monrepos befördern, dann nach Hause fahren und dieselben abends zu der noch näher festzusetzenden Stunde zurückfahren.
3. Alle Speisen und Getränke mit Ausnahme des Wassers, der Milch und der Kartoffeln werden mitgenommen. Jede Familie sorgt für den nötigen Wein, Brot, Butter, kaltes Fleisch, Braten zum Wärmen, Kaffee, Zucker. Löffeln, Gabeln, Teller, Tassen etc. werden in Monrepos geliehen.
4. Zeiteinteilung:
   a) Ankunft in Monrepos um 8 Uhr. Allgemeine Bewunderung über die schöne Aussicht.
   b) Spaziergang nach der schönen Aussicht bei Altwied, nachdem vorher ein kleines Frühstück von Milch und Brot eingenommen worden ist.
   c) Rückkehr um 12 Uhr – Mittagessen, welches auf einer Tafel vor dem Schlosse serviert werden wird. Dasselbe besteht aus warmem Braten, frisch gekochten Kartoffeln und dicker Milch.
   d) Pause – Ruhe – Allgemeines Nachdenken.
   d) Spaziergang nach dem Holzstoße.
   f) Rückkehr um 4 Uhr – Kaffee.
   g) Kleine Spaziergänge und Spiel in der Nähe des Schlosses.
   h) Um 6 Uhr: Beginn des Abendbrotes, welches je nach Belieben aus Butterbrot und kaltem Fleisch oder dicker Milch besteht. – Die heitere Laune wird durch einen angenehmen 1857er erhöht.
   i) Rückkehr nach Sonnenuntergang.
   j) Zur Beteiligung wird mit dem Bemerken eingeladen, daß der Tag der Ausführung demnächst in der Generalversammlung festgesetzt wird.

Heddesdorf, den 15. August 1858

Raiffeisen
mit drei Erwachsenen und vier Kindern
Heuberger
mit einem Kind, nach Umständen mehr
Terlinden
mit zwei (vielleicht drei) Erwachsenen und mit fünf großen und kleinen Kindern

Nicht minder humorvoll ist eine unter Mitwirkung Raiffeisens entworfene uns erhaltene Speisekarte für ein Mittagessen mit Herrn Pfarrer Halm (Ohm Gustav) zu Irlich, bei der Einweihung des von Raiffeisen erbauten Pfarrhauses am 1. August 1858, und das Sitzungsprotokoll über dieses Essen. Auch humoristische Gelegenheitsgedichte fertigte der Bürgermeister zu solchen Festtagen.

Der eigentliche Zweck des Kreises aber ist nicht die gesellige Unterhaltung, sondern in erster Linie die ernste Pflege der Wissenschaft. Er soll den Mitgliedern geistige Anregung geben, indem jeder in Vorträgen aus seinem Berufszweig und Fach zur Förderung der Bildung der übrigen Mitglieder beiträgt. Das Lieblingsthema ist die Armenpflege.

Die Auflösung

Viele Jahre hindurch wirkte der »Heddesdorfer Wohltätigkeitsverein« zum Wohl der ärmeren Bauern. Allmählich ließ das Interesse der Mitglieder jedoch nach. Die ausgeliehenen Gelder hatten eine solche Höhe erreicht, daß die Vereinsmitglieder besorgt wurden. Manche von ihnen forderten die langsame Auflösung des Vereins. Vergebens bemühte sich Raiffeisen, die Teilnahme der Mitglieder neu zu wecken. In einer Versammlung rief er ihnen einmal enttäuscht zu: »Ja, wenn Sie nicht mehr mittun wollen, meine Herren, dann gehe ich hinaus an die Landstraßen und Zäune und hole mir die Armen selber, die Blinden und die Lahmen.«

Raiffeisen war verzweifelt. Die Befreiung der Bauern aus den Händen der berufsmäßigen Geldverleiher, die Organisation der nachbarlichen Hilfe innerhalb der Gemeindebezirke war zu seinem eigentlichen Lebenswerk geworden. In mehreren Gemeindebezirken des Westerwaldes hatte man sein Beispiel schon nachgeahmt und Raiffeisen um seinen Rat und Beistand bei der Gründung von landwirtschaftlichen Hilfsvereinen gebeten. Und nun drohte sein Werk in Heddesdorf, das seit acht Jahren bestand und viel Not gelindert hatte, zu zerfallen.

Das Zwiegespräch*

Raiffeisen hatte seine Sorgen stets mit seiner Frau geteilt. Auch in dieser Zeit der Enttäuschung war es nicht anders.

Emilie: Wäre es denn wirklich so schlimm, Wilhelm, wenn sich der Wohltätigkeitsverein auflöste? Die Lage der Bauern hat sich doch schon sehr gebessert.

Raiffeisen: Es gibt noch viel Armut in den Dörfern und auf den Höfen, Emilie, bittere Not. Wenn ich es hier in Heddesdorf nicht fertigbringe, den Hilfsverein zusammenzuhalten – dann wird es in Weyerbusch und in Flammersfeld und in den anderen Gemeinden bald ebenso gehen. Und ich hatte doch gehofft, es würden sich immer mehr Nachahmer finden.

Emilie: In den letzten Jahren ist der Verein doch mehr und mehr zu einer Art Darlehenskasse geworden, nicht wahr?

Raiffeisen: Ja, es ist einfacher und zweckmäßiger, wenn wir den Bauern Geld vorstrecken, als ihnen das Vieh und die Düngemittel und was sie sonst noch nötig haben, vom Verein aus zu kaufen und ihnen zu übergeben.

Emilie: Aber dafür gibt es doch Banken, Pfandkredithäuser, dafür brauchen wir den Unterstützungsverein nicht mehr, dafür brauchst du dich doch nicht mehr Tag und Nacht abzumühen und diesen ganzen Ärger einzustecken?

Raiffeisen: Nein, nein, Emilie, da ist ein großer Unterschied! Die Kredithäuser sind auf Gewinn aufgebaut. Sie müssen deshalb große Sicherheitsleistungen von dem Schuldner verlangen. Damit wären die Bauern wieder da, wo sie waren – in einer Verschuldung, aus der sie mit eigener Kraft nie mehr herauskommen.

Emilie: (seufzt) Es sieht fast so aus, als seien die Bauern aus der früheren Hörigkeit nur befreit worden, um in neue Abhängigkeit zu geraten.

Raiffeisen: Ja, genauso ist es! Die Befreiung ist nicht zu Ende

* *Aus dem Hörspiel von Dr. W. Meyer; siehe Literaturverzeichnis.*

geführt worden. Man hat die Bauern sozusagen in die Freiheit entlassen, ohne ihnen den nötigen Schutz zu gewähren.

Emilie: Was meinst du damit?

Raiffeisen: Früher, als sie noch hörig waren, brauchten sie kaum bares Geld. Ihre Abgaben an den Grundherren leisteten sie in Naturalien. Sie konnten nie von ihrem Hof vertrieben werden. Nachdem sie aber frei waren, mußten sie Steuern zahlen. Sie mußten jedes Stück Vieh, alle Geräte mit barem Geld kaufen.

Emilie: Also eine teuer erkaufte Freiheit?

Raiffeisen: Auf den ersten Blick, ja. Aber wir haben doch erfahren, daß es möglich ist, den Bauern zu helfen, und zwar so zu helfen, daß sie nicht in neue Abhängigkeit geraten! Ganz ohne »fremde« Hilfe, verstehst du! Das ist das Wichtigste daran! Die einen helfen den anderen!

Emilie: Ach, ich wollte, ich könnte dir auch helfen, Wilhelm.

Raiffeisen: Als ob du das nicht all die Jahre getan hättest! Wenn ich dich und die Kinder nicht hätte ...

Emilie: (lächelnd) Und wir dich. Wir brauchen uns eben gegenseitig.

Raiffeisen: (nach kurzer Pause) Sag das bitte noch mal.

Emilie: (verwundert) Was soll ich sagen? Daß wir dich brauchen?

Raiffeisen: (langsam) Nein, ... daß wir uns gegenseitig brauchen.

Emilie: (lacht) Aber Wilhelm, das ist doch ganz selbstverständlich.

Raiffeisen: (still) Du hast recht. Das ist ganz selbstverständlich. – (plötzlich in anderem Ton) Emilie, ich habe etwas falsch gemacht.

Emilie: Was hast du?!

Raiffeisen: Falsch gemacht, ja – 15 Jahre lang.

Emilie: Wovon sprichst du denn da? Ich verstehe gar nicht.

Raiffeisen: Hör zu: Der Brotverein in Weyerbusch, der Unterstützungsverein in Flammersfeld, auch hier in Heddesdorf der Wohltätigkeitsverein – was war denn die Grundlage?

Emilie: (etwas ratlos) Nun, der Wille zu helfen, die Nächstenliebe, wenn du es so nennen willst.

Raiffeisen: Richtig – und das war falsch. Die Mitglieder zahlten nichts und beanspruchten nichts. Sie handelten ganz uneigennützig, eben nur im Interesse der anderen.

Emilie: Denen sie helfen wollten.

Raiffeisen: Ja, und diese anderen ließen sich nur helfen. Die einen gaben nur, und die anderen nahmen nur. Das war der Fehler.

Emilie: Aber wie sollte es denn anders sein, Wilhelm?

Raiffeisen: Ich habe immer von Selbsthilfe gesprochen. Aber es war ja keine echte Selbsthilfe – das wird es erst, wenn alle einander gegenseitig helfen! Verstehst du, wie ich das meine? Wer Hilfe will, muß auch bereit sein, Hilfe zu leisten!

Emilie: (langsam verstehend) Dann müßten also diejenigen, die ein Darlehen haben wollen ...

Raiffeisen: ... selbst Mitglieder des Darlehensvereins werden. Sie müssen selber mit die Verantwortung, die Bürgschaft tragen, nicht nur die Wohlhabenden, nein, alle zusammen! Dann erst kann man wirklich von gegenseitiger Hilfe, von Selbsthilfe sprechen. Dann erst zeigen wir, daß wir aufrichtige Christen sind, indem wir unseren Glauben durch die Tatsache kräftiger Liebe beweisen.

Mit diesem Gedanken hatte Raiffeisen die entscheidende Wendung vollzogen. Die gemeinsame Verantwortung, die gemeinsame Haftung aller, der Darlehensgeber und der Darlehensnehmer, bedeutet den Schritt zur echten Genossenschaft.

Es dauerte noch einige Jahre, bis dieser Gedanke der genossenschaftlichen Selbsthilfe sich gegen das anfängliche Mißtrauen der ländlichen Bevölkerung durchsetzen konnte.

Basis-Vereine

Mit Amtsgeschäften überhäuft, ist es Raiffeisen nicht möglich, für die Verbreitung seiner Vereine so zu wirken, wie er möchte. Nur in der Nachbarschaft gelingt ihm im Jahre 1862 die Gründung von vier Darlehenskassenvereinen. In Anhausen hilft ihm sein Schwager Pfarrer W. Renckhoff bereitwillig und erfolgreich bei der Gründung mit. Der nächste Verein entsteht für die Kirchspiele Rengsdorf und Bonefeld. Ein Verein für die Bürgermeisterei Engers und für die obere Grafschaft Wied folgen. Dabei nützt er die Erfahrungen, die er mit dem Heddesdorfer Wohltätigkeitsverein gemacht hat. Vereinszweck ist nur noch die Darlehensgewährung. Die karitativen Nebenaufgaben fallen weg. Ein weiterer wesentlicher Unterschied ist die Beschränkung des Vereinsbezirks auf ein Kirchspiel. Im übrigen aber sind diese Vereine nach den gleichen Grundsätzen errichtet. Die Mitglieder sind wohlhabende Personen der Gegend, die Darlehen werden gewährt an die bedürftigen Einwohner. Erst nach dem Jahre 1864, der Umwandlung des Heddesdorfer Wohltätigkeitsvereins in einen auf Solidarhaft der kreditbedürftigen Mitglieder beruhenden Darlehenskassenverein (Genossenschaft), werden auch diese Vereine allmählich durch Aufnahme der Bedürftigen selbst als Hauptträger und haftende Mitglieder zu reinen Genossenschaften.

Vor allem der Verein des Kirchspiels Anhausen entwickelte sich als besonders erfolgreich. Darüber gibt es verschiedene Berichte. Auf die Frage, wie der blühende Zustand so schnell erreicht worden sei, erklärt der Vereinsvorsteher: »Wir haben nur nach den Statuten verfahren und deren Bestimmungen pünktlich verfolgt.« Raiffeisen lobt in der ersten Auflage seines Buches über die Darlehnskassen-Vereine die Wirksamkeit dieses Vereins: »Es mag dies besonders darin seinen Grund haben, daß hier die Abgrenzung des Bezirks bei den vorhandenen Verhältnissen die richtige war. Das Kirchspiel besteht aus vier Zivilgemeinden, welche nahe zusammenliegen, und zählt nur 1494 Seelen. Es liegt außerhalb des großen Verkehrs und ist rein Ackerbau treibend. Wie überall bei diesen Vereinen hat sich auch dort der Pfarrer mit dem Lehrer beteiligt . . .«

In dem dörflich abgeschlossenen Kreis kennt jeder jeden.

Natürlich gewachsene Beziehungen verbinden die Einheimischen. In Kindheitstagen hat man gemeinsam die Schule besucht, später trifft man sich bei Hochzeiten, Kindertaufen und Beerdigungen. Es bleibt nicht verborgen, ob einer faul oder dem Trunk ergeben oder fleißig und vertrauenswürdig ist. Jedermann kann beurteilen, wie des Nachbarn Felder stehen. In diesem überschaubaren Bezirk, wo, wie Raiffeisen einmal schreibt, »der einzelne gleichsam weiß, was der andere in der Tasche hat und wie hoch er verschuldet ist«, ist man bei dem unmittelbaren Aufeinander-angewiesen-Sein und den engen familiären und freundschaftlichen Banden eher zur Übernahme von Pflichten bereit als in einem großen Verband, dessen Mitgliedern nach Tausenden zählen, sich aber fremd sind.

In der landwirtschaftlichen Zeitschrift vom 15. Februar 1869 steht ein Artikel über den Anhausener Verein. Es heißt da:

Es ist am besten, die Grenzen des Vereins nicht zu weit auszudehnen. Der eine muß dem anderen durchaus bekannt sein, und die Vorstandsmitglieder dürfen nicht bloß schätzen, sie müssen auch wägen. Der Umfang eines Kirchspiels ist daher auch die natürliche Umgrenzung eines Darlehnskassen-Vereins. Es ist meine Ansicht, daß in Landgemeinden ein Darlehenskassen-Verein ohne den Geistlichen nur schwer, gegen ihn aber nicht bestehen kann. Wer von uns aber wüßte es nicht, daß gerade Not und Armut die größten Hindernisse für die seelsorgerische Tätigkeit sind. Sie zu lindern oder sie sogar zu heben, dazu muß für den Pfarrer jedes Mittel willkommen sein. Zudem steht fest, daß Almosen allgemein nur lähmen und schwächen, dagegen alle Mittel, mit welchen jemand instandgesetzt wird, sich selbst zu helfen, heben und stärken.

Jeder Darlehnskassen-Verein läßt sich leicht zu einem Konsumverein gestalten. Als solcher bietet er jedem, auch solchen, die kein Darlehen benötigen, große Vorteile. So kauft der Anhausener Verein zum Beispiel Dünger, Vieh- und Kochsalz, Ölkuchen, Saatgut, wenn ein Wechsel desselben für gut befunden wird, und andere Gegenstände im großen mit oft bedeutendem Rabatt ein und überläßt sie den einzelnen zu Einkaufspreisen und je nach Umständen sogar mit Bewilligung einer längeren

Zahlungsfrist, wobei der Hauptvorteil in der besseren Qualität der Ware liegt.

Was einige energische Männer mit Hilfe des Darlehnskassen-Vereins in Anhausen getan haben, schildert ein anderer zeitgenössischer Bericht:

Das Dorf war verkommen, die Bauern hoffnungs- und mutlos, weil sie keine Aussicht hatten, die Früchte ihrer Arbeit je genießen zu können. Der Darlehnskassen-Verein gestaltete mit der Zeit diese Zustände vollständig um. Die Bauern machten sich von den Wucherern los, das Vieh wurde ihr Eigentum, die Häuser wurden instandgesetzt, die Ackergeräte und Stallungen verbessert, Ordnung und Reinlichkeit herrschten bald überall, die Felder trugen das Doppelte wie früher, denn der Bauer hatte jetzt Geld und Lust, bessere Wirtschaftsweisen anzuwenden. Das ehemals so verkommene Dorf gab jetzt jährlich 9000 Mark für Knochenmehl zur Düngung der Felder aus, baute stets die einträglichsten Sorten von allen landwirtschaftlichen Gewächsen und bezog sooft als nötig Saatgut von auswärts, zur Auffrischung seines eigenen Wachstums. Das alles haben einige energische volksfreundliche Männer mit Hilfe eines Darlehnskassen-Vereins getan.

Erziehung

Bei der Erziehung der Jugend legte Raiffeisen den größten Wert auf frühzeitige Gewöhnung an Energie und in Verbindung hiermit auf Ordnung und planmäßige Tätigkeit. Er schreibt: »Die Schwäche des Willens ist die unheilvollste Starthilfe für das Leben, da sie, ohne ein moralischer Fehler zu sein, doch in ihren Wirkungen sich schlimm gestaltet. Sie macht den begabtesten Menschen unfähig, irgend etwas Bedeutendes zu leisten. In der Gegenwart ist wohl kaum ein Zug unseres Erziehungswesens so verhängnisvoll, wie der, daß die Willensbildung so sehr vernachlässigt und vorwiegend das Lernen in dieser Form von Vielwisserei einseitig gepflegt wird. Ohne Frage hängt der Mangel an Tatkraft oft mit körperlichen Zuständen zusammen. Ein festes, widerstandsfähiges Nervensystem ist eine glückliche Gabe der Natur für die Entfaltung eines ordentlichen Lebens. Sehr viel, mehr als man glaubt, kann indessen die Erziehung tun. Ihre Aufgabe ist es, zu verhüten, besonders auch bei den heranwachsenden Mädchen, daß dem schönklingenden Wort ›Weiblichkeit‹ zuliebe die Förderung der Willensschwäche ermöglicht wird. Es sollen daher alle Eltern ihren Kindern frühzeitig zu Hilfe kommen, ihre Tatkraft wachrufen und durch Gewöhnung stärken, da ein auch in ethischer Beziehung so wichtiges psychologisches Gesetz lautet: ›Vorstellungen verbinden sich so miteinander, wie wir sie miteinander zu verbinden gewohnt sind.‹ Wenn man nun den Kindern frühzeitig bestimmte Pflichten auferlegt und deren Befolgung überwacht, dann ist die Gewöhnung an Ordnung in erster Linie wichtig. Noch mehr aber wiegt die Übung gewissenhafter, ausnahmsloser Erfüllung auferlegter Pflichten. Wenn man die Erfüllung kleiner Pflichten von den Kindern fordert, wird die Tatkraft doppelt geübt.«

So war es auch im Hause Raiffeisens. Die Kinder mußten, sobald sie dazu fähig waren, jeden Abend einen Arbeitsplan für den folgenden Tag entwerfen. Er umfaßte die ganze Tätigkeit vom Aufstehen bis zum Schlafengehen. Waren sie einmal auswärts, dann mußte ein genaues Tagebuch über das Verbringen des ganzen Tages geführt werden. Zum Spielen wurde nur eine bestimmte Zeit gewährt, und zwar erst dann, wenn die notwendigen Pflichten erfüllt waren. Zu diesen gehörte dabei nicht nur die Anfertigung der Schulaufgaben, sondern die Mädchen mußten sich auch frühzeitig schon an den Hausarbeiten beteiligen. Jedes hatte seinen Fähigkeiten entsprechend ein ganz bestimmtes »Ressort« von Arbeiten zu versehen. Den größten Wert und alle mögliche Sorgfalt legte Raiffeisen auf eine gediegene, standesgemäße Geistesbildung, auch bei den Mädchen. Aber nicht nur wegen der mechanischen Fertigkeit, sondern besonders mit Rücksicht auf die Bildung des Charakters verlangte er von seinen Töchtern, daß sie auch die niedrigsten Hausarbeiten lernten und ausführten. Sie mußten auch die gewöhnlichsten Putz- und Scheuerarbeiten der Dienstmädchen besorgen und bei den Gartenarbeiten behilflich sein. Unter Anleitung mußten sie, wochenweise abwechselnd, möglichst selbständig die Küche übernehmen. Wer »die Küche hatte«, mußte einen genauen Küchenzettel für jeden Tag der Woche aufstellen und in der Küche anheften. Weiter verlangte er von den Kindern, daß jedes sich eine arme Familie aussuche und für deren Unterhalt in jeder Weise sorge, wenn nötig auch von wohlhabenden Leuten Gaben einsammle und diese persönlich in die Familie bringe. Sie sollten so zur »Sorge für die Geringsten« angeleitet werden. Neuigkeiten zusammenzutragen und im Hause zu erzählen und dabei mißliebige Bemerkungen über andere Leute zu machen, duldete er niemals in der Familie. Bezüglich der Kleidung hielt er auf die größte Einfachheit und Sparsamkeit.

Er war aber nicht nur streng in der Erziehung, sondern auch immer darauf bedacht, den Kindern eine Freude zu bereiten. Er beschäftigte sich viel mit ihnen und nahm sie häufig auf seine dienstlichen Reisen mit. Im Wirtshause hat Raiffeisen immer sehr wenig verkehrt. Er lebte für das Amt und seine Angehörigen. Dabei liebte er, wie bereits bemerkt, die Geselligkeit und unterhielt gerne Verkehr mit befreundeten Familien. Der einzige Sohn Rudolf war eine Abenteurernatur und ein Sorgenkind der Familie. Er war vielseitig begabt, hatte aber wenig Lust zu lernen und zu arbeiten. Immer wieder entzog er sich der strengen Ordnung des Elternhauses und wich den hohen Forderungen seines Vaters aus. Nur die Mutter, die er zärtlich liebte, hatte Einfluß auf ihn. Er besuchte die Schule in Koblenz und wohnte auch dort. Als Mutter Emilie wegen ihrer Herzkrankheit bei ihren Eltern in Remagen ist, berichtet ihr der Vater von Rudolf: »Er ist ernster geworden, seit er von deiner Krankheit weiß. Ich hoffe, daß er nicht sitzenbleibt.«

Typhus

Eine Schreckensnachricht erreicht Raiffeisen. In Segendorf, einer Ortschaft seines Amtbezirks, bricht 1862 Typhus aus. Der Arzt bringt ihm die Nachricht. »Was ist da zu tun?« fragte der Bürgermeister. »Schicken Sie diesen Bericht umgehend über das Landratsamt nach Koblenz«, antwortet der Arzt. Der Amtsschreiber nimmt einen Briefbogen, adressiert und datiert ihn.

Raiffeisen diktiert: »In Segendorf bei Altwied ist Typhus ausgebrochen. Der Arzt, Dr. Schwalbe, hat dort 15 Fälle von Typhus einwandfrei diagnostiziert. Bei zwei Personen, welche geschwächt und unterernährt waren, hat die Krankheit bereits zum Tode geführt. Über die Häuser der Erkrankten wurde bereits eine Ausgangssperre verfügt. Es wird sofort um Anordnung der höheren Gesundheitsbehörde ersucht.«

»Wer pflegt und versorgt die Kranken und ihre Angehörigen?« fragt Raiffeisen den Arzt. – »Wir brauchen Freiwillige, die bei aller gebotenen Vorsicht in die gesperrten Häuser gehen und die Familien mit Lebensmitteln versorgen. Ich kann die Helfer anweisen, wie sie sich zu verhalten haben.«

Auf einen Aufruf des Bürgermeisters melden sich nur ganz wenige. Die Ansteckungsgefahr hält viele ab. Raiffeisen selbst zeigt keine Furcht. Mit einer älteren Lehrerin zusammen bringt er Lebensmittel und Medizin in die Häuser und sieht dort nach dem Rechten. Wochenlang ist er im Einsatz. Emilie, seine Frau, ist wegen ihrer Herzkrankheit bei ihren Eltern in Remagen. So muß er mit den Kindern zusammen auch noch den Haushalt führen.

Der aufopferungsvolle Dienst endet mit seiner eigenen Erkrankung. Schon bald kann festgestellt werden, daß es nicht die heimtückische Krankheit ist, sondern ein Nervenfieber mit einer totalen Erschöpfung. Besonders schwer belastet ihn auch die Krankheit und Abwesenheit seiner Frau.

Augenleiden und Abschiedsgesuch

Als Raiffeisen wieder das Bett verlassen kann, merkt er, wie sich sein Augenleiden durch die Nervenkrankheit derart verschlimmert hat, daß er zeitweise zu jeder Arbeit unfähig ist. Wochenlang ist er an der Ausübung seines Dienstes verhindert und befürchtet eine gänzliche Erblindung und Berufsunfähigkeit. Er kommt zu der Überzeugung, daß die Fortführung seines Amtes ihn zugrunde richten würde. Denn Ruhe und Schonung, die er so dringend braucht, sind bei einem öffentlichen Amt, mit dem fortwährende Aufregung verbunden ist, nicht möglich. Schweren Herzens entschließt er sich, bei der königlichen Regierung seine Entlassung zu beantragen.

In einem Zustand tiefer Hoffnungslosigkeit schreibt Raiffeisen am 29. August 1862 an seine vorgesetzte Behörde: »... nicht nur das schwache Licht meiner Augen würde durch eine weitere Tätigkeit als Bürgermeister vollkommen ruiniert, sondern es treten auch immer wieder Kopfbeschwerden auf, die so heftig sind, daß sie mich bei ihrem Eintritt arbeitsunfähig machen. Wie mein ganzer Körper, so leiden dann besonders meine schwachen Augen so, daß mir während dieses Leidens schriftliche Arbeiten besonders schwerfallen und einmal ganz unmöglich werden. ... Wenn ich mit der Hälfte meines Gehaltes in den Ruhestand treten könnte, hoffte ich bei größter Sparsamkeit meine Familie wenigstens vor dem Hunger schützen zu können ...«

Raiffeisen bittet um Anrechnung der gesamten Dienstzeit als Bürgermeister bei der Berechung des Ruhegehalts. So würde ihm die Hälfte seiner bisherigen Bezüge als Pension verbleiben. Wird dagegen, wie damals üblich, nur die Dienstzeit in Heddesdorf berücksichtigt, steht ihm nur ein Viertel der bisherigen Bezüge zu. Am Schluß des Briefes steht: »... wird die Bitte nicht gewährt, so muß ich mich in mein Schicksal fügen und meine Wahlperiode, sei es auch mein Untergang, vollenden.« Er fügt diesem Abschiedsgesuch zwei ärztliche Zeugnisse bei.

Dieser Schritt des noch nicht 45 Jahre alten, allem äußeren Anschein nach kräftigen Mannes ruft allgemeine Überraschung und Trauer hervor. Seine Frau, die jetzt wieder in Heddesdorf ist, schreibt ihrem Gatten, der sich zur Erholung in Württemberg aufhält: »... alles ist sehr erstaunt über deine Abdankung, es ist jetzt Stadtgespräch. Überall wird davon gesprochen. Auch dem Landrat war es ganz unglaublich. Jedoch als er hörte, wie es dir geht, gab er dir recht. Ich soll dir auch schreiben, daß du auf deiner Heimreise einen Umweg nach Heilbronn machen sollst. Dort ist Dr. Gräfe aus Berlin. Er habe gelesen, daß er ein ausgezeichneter Augenspezialist sei.«

Die Regierung aber überläßt es der Bürgermeisterversammlung des Landkreises, ob sie »in Berücksichtigung der bisherigen anerkennenswerten Dienstführung sowie der gegenwärtigen Verhältnisse des Raiffeisens ihm eine höhere als die gesetzliche Pension bewilligen will«. Diese nimmt aber den Antrag Raiffeisens nicht an; sie gibt sich der Hoffnung hin, daß »der Antragsteller nach seinem jetzigen Urlaub den bisher so gut verwalteten Dienst weiterführen können werde«.

Aus Langenburg, wo er sich zur Erholung aufhält, schreibt Raiffeisen an seine Frau: »Obgleich sich mein Zustand bis jetzt noch nicht gebessert hat, muß ich mich in mein Schicksal fügen. Ein Trost ist es mir, wenn die Leute nicht aus Sparsamkeit, sondern aus Liebe zu mir meine Pensionierung ablehnen.« Im gleichen Brief schreibt Raiffeisen: »...ich besuchte auch die frühere Reichsstadt Schwäbisch Hall, die Väterheimat meiner Familie. Von dort ging ich nach Mittelfischach, wo mein Großvater ungefähr 40 Jahre lang Pfarrer gewesen war. Dort wurden alle seine Kinder geboren. Einige alte Leute hatten ihn noch gekannt. Ein eigentümliches Gefühl beschlich mich, als ich im Pfarrhaus und in der Kirche war. Beide Gebäude sind noch die alten. Wie unlösbar hängen wir doch mit dem Leben unserer Vorfahren zusammen. Was sie litten und träumten, das wird in uns erst reif. Ein Hauch ihres Seins lebt auch noch in uns...«

Raiffeisen kehrt von der Urlaubsreise doch so gut erholt zurück, daß er sich stark genug fühlt, das Bürgermeisteramt fortzuführen. Er zieht sein Entlassungsgesuch zurück. Am 22. September 1862 meldet der Landrat der Regierung, daß er den Zustand des Bürgermeisters sehr günstig finde und ihn zur Fortführung des Dienstes völlig geeignet erachten könne. Einstweilen führt Raiffeisen die Geschäfte fort. Ende Oktober erscheint ein Kommissar der königlichen Regierung, um die Geschäftsführung der Bürgermeisterei zu revidieren. Er findet alles in befriedigendem Zustand. Er betont indessen, daß nicht viele Schriftstücke von der Hand des Bürgermeisters selbst geschrieben seien, daß aber Raiffeisen über den Inhalt und die Bearbeitung der Sachen genau Bescheid wisse. Der Gesundheitszustand scheine sich gebessert zu haben. Er betrachte es für gerechtfertigt, ihm die Geschäfte zu belassen, da Raiffeisen ein umsichtiger Bürgermeister sei und sich durch mehrjährige treue Verwaltung der Bürgermeisterei Heddesdorf um dieselbe wohlverdient gemacht habe. Zur Unterstützung bekommt Raiffeisen einen tüchtigen Sekretär, seinen früheren Gemeindeförster aus Flammersfeld. Der unterstützt Raiffeisen auf das Treueste und Gewissenhafteste bei der Ausfertigung von Schriftstücken. Im Jahr 1863 kann der Landrat an die

Mittelfischach bei Schwäbisch Hall, wo Raiffeisens Großvater etwa 40 Jahre lang Pfarrer gewesen ist.

Regierung melden, daß sich der Gesundheitszustand Raiffeisens nicht verschlechtert hat und er mit Hilfe seines Sekretärs sein Amt wohl verwalten kann.

Im Sommer tritt ein Rückschlag ein, so stark, daß Raiffeisen allen Ernstes an ein baldiges Ende denkt und für alle Fälle sein Testament aufsetzt. Nicht weniger bedenklich scheint zur gleichen Zeit der Zustand seiner schon lange herzkranken Frau. Er schreibt seinen »letzten Willen«. Darin steht: »Die Sorge um meine inniggeliebte Frau, welche bei ihren Eltern in Remagen gefährlich krank darniederliegt, steigert mein nervöses Leiden und droht mich ganz niederzudrücken. Es ist mir sehr schwer, mich aufrecht zu halten. Der Gedanke, mein heißgeliebtes Weib zu verlieren, ist mir furchtbar. Und doch ist die Gefahr so groß, daß sie kaum beseitigt werden kann. In der letzten Nacht konnte ich nicht schlafen und befürchtete einen Schlaganfall. Ich kann mich täuschen, aber die Möglichkeit eines plötzlichen Endes ist groß.«

Sein Vermächtnis besteht aus vier Abschnitten und zeigt die väterliche Fürsorge und Liebe für seine Kinder. Er wünscht für sie eine »echt christliche Erziehung« und bestimmt die Vormünder. Zum Schluß schreibt er:

Und nun, mein lieber Bruder Louis, meine lieben Freunde, mein herzlichstes Lebewohl, in der zuversichtlichen Hoffnung freudigen Wiedersehens am Thron des lieben, gnädigen Gottes, der mir meine vielen Sünden vergeben möge! Ihr aber, meine lieben Kinder, vergeßt nie den Ausspruch des Herrn: »Ich bin der Weg, die Wahrheit und das Leben, niemand kommt zum Vater, denn durch mich.« Trachtet euer ganzes Leben hindurch nur danach, zum lieben Vater im Himmel zu kommen, lernet immer mehr die Wahrheit Christi zu erforschen. Gott segne euch mit seinem ganzen, reichen Segen, ihr lieben, lieben Kinder, wie ich euch segne!

Und du, mein heißgeliebtes Weib, solltest du mich überleben (bei Gott ist ja alles möglich), dann beachte auch du meine dargelegten Bitten alle, nimm den Rat der Freunde an und halte dich zum Herrn! Er macht alles wohl! Meine Seele ist matt und krank. O lieber Herr, ergänz du alles durch deine gnädige Führung, was

Darstellung von Schwäbisch Hall aus dem 16. Jahrhundert, aus der Zeit, als Raiffeisens Vorfahren dort lebten.

ich nur mangelhaft tun und sagen konnte. Dir empfehle ich meine Seele.

Der Zustand seiner Frau bessert sich in den folgenden Wochen. Eine augenblickliche Gefahr scheint ausgeschlossen. Emilie drängt ihn, in Erholung zu gehen. Kaum ist er abgereist, beendet plötzlich ein Herzschlag ihr Leben, und dem schwergeprüften Gatten ist es nur noch möglich, bei der Beerdigung dabei zu sein. Dieser schwere Schlag und die dadurch hervorgerufenen Gemütsbewegungen lassen das Schlimmste für seinen eigenen Zustand befürchten. Doch er kommt schließlich darüber hinweg und findet die Kraft, sein Amt weiter zu verwalten.

Darlehnskassen-Vereine

Vor einem Jahr hatte Raiffeisen noch mit Emilie über die Weiterführung des Wohltätigkeitsvereins gesprochen. Jetzt muß er allein nochmals alles durchdenken, denn für die alljährliche Generalversammlung wurde er auf den 22. Oktober 1863 eingeladen. Er wandert einen ganzen Tag durch den Buchenwald bei Oberbiber. Der Verein von Anhausen hatte letztes Jahr die Satzung des Wohltätigkeitsvereins mit kleinen Änderungen übernommen. Der Vereinszweck beschränkt sich dort auf die Darlehensgewährung, und der Verein ist auf das Kirchspiel begrenzt.

In Heddesdorf mußte aus Mangel an Teilnahme ein Zweig der Wirksamkeit nach dem anderen fallengelassen werden. Es blieb beinahe nur das Darlehensgeschäft übrig. Der Plan, eine Volksbibliothek zur Grundlage für die Erwachsenenbildung einzurichten, konnte in den vergangenen acht Jahren erst gar nicht in Angriff genommen werden. Raiffeisen überlegt: »Warum wurden die Mitglieder lau und interessenlos?« Er zieht Bilanz: »Alle wirkten wohl uneigennützig aus Nächstenliebe, manche blieben auch nur mir zuliebe, aber sie mußten nichts einsetzen und beanspruchten auch nichts. Der Grundsatz der Selbsthilfe ist nur insofern vorhanden, indem kein Schuldner etwas geschenkt bekommt und unnachsichtig zur Zurückzahlung von Kapital und Zinsen angehalten wird. Der Verein machte all die Jahre keinen Verlust. Er konnte sogar einen Fonds bilden. Doch bei der nächsten Generalversammlung werde ich gegen die Unlust der Mitglieder nicht mehr ankommen. Offenbar ist es auf die Dauer nicht möglich, die Menschen dazu zu bringen, ohne eigennützige Motive und Profit ihre Arbeitskraft und ihr Geld einzusetzen.« So beschließt die Generalversammlung 1863 die Auflösung des Wohltätigkeitsvereins, aber gleichzeitig beauftragt sie Raiffeisen, Satzungen zur Gründung des »Heddesdorfer Darlehnskassen-Vereins« auszuarbeiten. Im Mai 1864 findet die Gründungsversammlung statt.

Raiffeisen arbeitet nun neue Vereinsstatuten aus. Sie sind so vorbildlich, daß sie über Jahrzehnte mit nur kleinen Abänderungen als Mustersatzungen für Tausende von Vereinen dienen und in Raiffeisens heute noch erhältlichem Buch, *Die Darlehnskassen-Vereine* (siehe Literaturverzeichnis), auf den Seiten 175 bis 191 abgedruckt sind.

Die Gebietsbegrenzung in Heddesdorf, also die Teilung entsprechend der vier Kirchspiele, wird erst 1869 durchgeführt. Neben der Beschränkung auf das Spar- und Darlehensgeschäft wird 1864 in Heddesdorf neu aufgenommen: Jeder Darlehnsnehmer muß selbst Mitglied sein; eine Erhebung von einem geringen Eintrittsgeld von einem Taler; eine Beteiligung der Mitglieder durch Geschäftsanteile von je 20 Taler; die Ausschüttung von Dividenden; die Ehrenmitgliedschaft; Vorschriften, die sich auf die Begrenzung des Reservefonds beziehen.

Durch manche, auch bittere Erfahrungen vieler Jahre entstand so als Frucht das Konzept zum System Raiffeisen. Das Modell der Selbsthilfegenossenschaften im modernen Sinn war damit abgeschlossen.

Kontakt zu Schulze-Delitzsch

Bei der Erstellung der Vereinssatzungen hat Raiffeisen auch die Schriften von Schulze-Delitzsch* studiert und manche gut bewährte Ansätze in sein System aufgenommen. In dem einzigen

* Hermann Schulze-Delitzsch (1808–1883), Richter und Politiker (Deutscher Nationalverein, Fortschrittspartei), war ein führender Gründer des Genossenschaftswesens einschließlich Volksbanken und arbeitete maßgeblich an der Gestaltung des Genossenschaftsrechts mit.

noch erhaltenen Brief Raiffeisens an ihn steht: »Der Hauptunterschied zwischen Ihrem und meinem Verfahren scheint mir darin zu liegen, daß Sie das Prinzip ›Selbsthilfe‹, welchem ich auch durchaus huldige, bis zur Garantie durchführen, während ich für letztere auch den wohlhabenden Teil der Gesellschaft mit in Anspruch nehme, teils um sie auch tätig zu machen für die gute Sache, an der sie aus vielfachen Gründen Interesse haben müssen, dann aber auch, um der Sache mehr Ansehen und Garantie nach außen zu geben. Selbsthilfe ist es immer noch, wenn jemand das, was er ausleiht, zurückgeben muß und zurückgibt. Dann scheint es mir darauf anzukommen, daß, wenn man helfen will, man gründlich helfen muß . . .«

Raiffeisen hätte gerne einmal mit Schulze-Delitzsch Erfahrungen ausgetauscht. Im gleichen Brief heißt es: »Ich hätte noch gar manches mit Ihnen zu besprechen . . . Sehr freuen würde es mich, mit Ihnen in Verbindung bleiben zu dürfen. Sollten Sie noch einmal an den Rhein kommen, so bitte ich, mich zu beehren und als Gast bei mir einzukneipen. Sie werden mir herzlich willkommen sein, und wir können dann besprechen, was das Herz bewegt: das Wohl des Vaterlandes und unseres lieben Volkes.«

Leider ging Raiffeisens damals gehegter Herzenswunsch nie in Erfüllung.

Am 21. Mai 1865 beschließt der Heddesdorfer Darlehnskassen-Verein, dem Schulze-Delitzschschen Anwaltschaftsverband beizutreten. Auch Geldbeträge fließen nach Potsdam. 1866 macht der Heddesdorfer Verein die getroffene Entscheidung ohne Angabe von Gründen rückgängig. Raiffeisen hat erkannt, daß das Anwaltschaftsbüro der gewerblichen Genossenschaften für eine Interessenvertretung der ländlichen Darlehnskassen-Vereine nicht geeignet ist. Das Jahr 1864 kann als Gründungsjahr für die ländliche Genossenschaftsbewegung angesehen werden.

Die Entlassung

Noch im Frühjahr 1864 sendet der Landrat, von der Regierung aufgefordert, einen Bericht über den Gesundheitszustand von Bürgermeister Raiffeisen, der nicht ungünstig ausfällt. Der Landrat kann darin von einer anhaltenden Besserung berichten: »Ungeachtet der Gemütsbewegungen, welche ihm der Tod seiner Ehefrau verursachen mußte.« Seine Handschrift erscheint leserlicher als vor zwei Jahren, er arbeitet mehr als damals und kann, ohne angegriffen zu werden, den Sitzungen der Gemeinderäte beiwohnen.

Der Landrat bekräftigt seine Feststellungen durch die Zeugnisse zweier Ärzte. Da heißt es unter anderem: »Herr Raiffeisen ist wohlgenährt, von gerader Haltung, kräftiger Muskulatur, frischer Gesichtsfarbe.« Anschließend folgen ärztliche Fachausdrücke über das Augenleiden. »Demnach muß ich den Körperzustand und besonders das Sehvermögen des Untersuchten für ausreichend für die ihm zukommenden Geschäfte halten.« Im zweiten Gutachten heißt es: »Eine Verschlimmerung des jetzigen Zustandes der Augen ist nach meiner Überzeugung für die Zukunft nicht zu befürchten, sondern vielmehr eine weitere Erstarkung des Sehvermögens mit großer Wahrscheinlichkeit zu erwarten.«

Diese ärztliche Prognose erweist sich leider als falsch. Nach eineinhalb Jahren, im September 1865, berichtet der Landrat an die königliche Regierung, daß das Sehvermögen des Bürgermeisters Raiffeisen sehr geschwächt sei. Wiederholt sei es vorgekommen, »daß er beim Vorbeigehen ihm gut bekannte Personen nicht erkannt hat«. Seine Handschrift beweise in zahlreichen Fällen die erhebliche Schwächung der Augen, und er, der Landrat selbst, habe bemerkt, daß sein Gehilfe mit dem Finger die Stelle zeige, auf welche er seine Unterschrift zu setzen habe. Ferner lese er die eingehenden Sachen in den wenigsten Fällen selbst, sondern lasse sie sich von seinem Gehilfen und manchmal auch von seiner Tochter vorlesen. Er empfehle daher, dem Bürgermeister Raiffeisen trotz »der vielfachen guten Eigenschaften und Leistungen im Wegebau, wie anderen Gemeindeanlagen, der Organisation sowie auch der Administration, die Bürgermeisterei nicht wieder zu übertragen«.

Darauf verfügt die königliche Regierung in Koblenz am 16. Oktober 1865: ». . . daß Bürgermeister Raiffeisen wegen eingetretener Dienstunfähigkeit am 21. November mit Ablauf seiner Dienstperiode aus seiner bisherigen Stellung als Bürgermeister von Heddesdorf scheide.« Die Pension wird in Übereinstimmung mit der Bürgermeistereiversammlung festgesetzt. Das große Bedauern der Regierung und der Dank für seine vielfältigen Leistungen fehlen nicht in diesem Schreiben.

Neuer Anfang im »Ruhestand«

Die Zigarrenfabrik

So wird Raiffeisen von der Bürde eines Amtes befreit, das zur Verwaltung eine volle, ungeschwächte Manneskraft benötigt, und in dem er bis zum äußersten ausgehalten hat. Das Ruhegehalt wird sehr großzügig festgelegt, ist aber bei seiner frühen Pensionierung mit 47 Jahren doch entsprechend gering. Die vier Kinder stehen gerade in der Ausbildung und kosten viel Geld. Da bleibt dem verwitweten Vater nichts anderes übrig, als sich nach einem neuen Broterwerb umzusehen. Möglichst eine Beschäftigung, die es gestattet, in Tagen der Krankheit und Schwäche die Arbeit zu unterbrechen. Er gründet eine kleine Zigarrenfabrik. Da er sein kleines eigenes Vermögen von rund 2000 Talern in seiner Bürgermeisterzeit für soziale Zwecke geopfert hat, muß er für die Anlage der Fabrik Geld ausleihen. Die Zeit ist günstig, denn die Zigarre setzt sich gerade gegenüber dem altertümlichen Schnupftabak und der Pfeife durch. In dieser Zeit kommt das Rauchen erst richtig in Mode, während es vorher in der Öffentlichkeit als unanständig galt und mancherorts sogar verboten war. Ein typischer Vertreter des Zigarrenrauchens ist Fürst von Bismarck. Neuer Wohlstand wird mit der Zigarre demonstriert.

Die Tabakfabrikation ist in Neuwied zu Hause. Arbeitskräfte sind billig und Heimarbeit ist möglich; dadurch können arme Familien sich ein zusätzliches Einkommen verschaffen. Seine Tochter Amalie muß jetzt ihrem Vater in vielen Dingen helfen, da er nicht mehr seinen Bürgermeistergehilfen hat. Da es beim Zigarrengeschäft sehr auf Qualität ankommt, macht ihm eine wachsende Konkurrenz in Neuwied schwer zu schaffen. Mit seinen schlechten Augen kann er den Einkauf der Tabakblätter und die Produktion der Zigarren nicht genügend überwachen.

Im Jahr 1867 ist er wieder sehr krank und schreibt von seinem Erholungsort an seine Kinder: »Ich konnte mich und euch nicht anders durchbringen als durch die kleine Fabrik. Ich bin ja zu

Das Raiffeisen-»Mutterhaus« im Vordergrund, in Verlängerung die Teilansicht der Raiffeisendruckerei in Neuwied.

allem sonst unfähig. Da mir alle Hilfe versagt wurde, so habe ich viele Schulden machen müssen, welche mir viele Sorgen machen. Vergeßt nie, daß solche für euch gemacht sind. Mit Gottes Hilfe hoffe ich, daß niemand Schaden leiden soll. Sollte aber das Vermögen die Schulden nicht decken, so bitte ich euch sehr dringend: arbeitet, sorgt und ruht nicht, bis alle Schulden, auch diejenigen an die Verwandten, gedeckt sind. Ich verlasse mich darauf und will darüber ruhig sein. Wenn ich kann und der Herr mir Zeit und Mittel läßt, will ich noch alles ordnen.«

Das Raiffeisen-Mutterhaus

Nach der Pensionierung zieht die Familie Raiffeisen in ein von Raiffeisen selbstgebautes Haus. In diesem Haus sind auch die Geschäftsräume untergebracht. Es ist nicht weit von der später erbauten Druckerei in Neuwied-Heddesdorf entfernt. Eine große Hilfe in Betrieb, Büro und Haus ist ihm seine Tochter Amalie.

Vier Jahre nach dem Tode von Emilie und zwei Jahre nach seiner Pensionierung ist Raiffeisen durch seinen Einsatz im sozialen Bereich, in der Darlehnskassenberatung und durch eine große Gastfreundschaft derart engagiert, daß Amalie und ihre Schwestern als Hilfen für den Haushalt überfordert sind. Die Kinder können ihm seine Frau nicht ersetzen. Mit 49 Jahren ist er ein Mann im besten Alter, auch wenn er durch seine schwachen Augen und das Nervenleiden sehr behindert ist.

Er lernt in Neuwied die Pfarrerswitwe Maria Penserot kennen, die sich in urchristlicher Weise einsetzt, wo Not herrscht. Sie kommt immer öfter in das Raiffeisen-Haus. Er unterhält sich gern mit ihr, er gewöhnt sich an sie, und auch Amalie schließt sich der viel älteren Frau gerne an. Am 18. Dezember, kurz vor Weihnachten 1867, findet das Hochzeitsfest in vertrautem Kreise statt. Maria wird als eine stille, kleine Frau geschildert. Sie ist nur ein Jahr jünger als Raiffeisen und stammt aus der angesehenen Familie Fuchs in Monzingen. Ihr erster Mann August Ludwig Penserot war Pfarrer in Kastellaun und Mandel. Er verstarb Anfang 1866 nach einem längeren Leiden. Ihre Ehe mit Wilhelm bleibt kinderlos. Sie ist bis zu seinem Lebensende eine treusorgende Gefährtin und überlebt ihn noch nahezu um ein Jahrzehnt.

Das Haus aber, in welches Raiffeisen nach der Entlassung eingezogen ist, wird die Pflanzstätte des deutschen ländlichen Genossenschaftswesens, das Mutterhaus der Raiffeisen-Organisation.

Vorträge und Beratung

Noch in der Bürgermeisterzeit häufen sich die Anfragen zur Hilfe bei der Neugründung von Darlehenskassen-Vereinen. Oft ist Raiffeisen am Sonntag zu Vorträgen unterwegs. Wieder einmal wurde er vom Ortsvorsteher eingeladen, im vollen Saal der Gastwirtschaft zu den Bauern des Kirchspiels zu sprechen.

»Liebe Freunde«, sagt er, »ich kann euch kein Zaubermittel anbieten, wie Menschen, die in Not geraten sind, ohne eigene Bemühungen wieder daraus befreit werden können. Einen Weg weiß ich jedoch, den jeder gehen kann. Wenn Ihr ihn alle miteinander und füreinander geht, erreicht Ihr euer Ziel – die Befreiung aus der Not. Wir müssen dabei von dem Grundsatz ausgehen, daß durch die Hebung der leiblichen Wohlfahrt auch die geistige gefördert werden soll. Durch die Gewährung von Darlehen an bedürftige und strebsame Bewohner eures Kirchspiels sollen diese in die Lage versetzt werden, die Früchte ihres Fleißes und ihrer Sparsamkeit selbst zu genießen und nicht für die Wucherer zu arbeiten. Auf diese Weise sollen sie nach und nach zu einer Selbständigkeit gelangen, die eine weitere fremde Hilfe unnötig macht und sie gegen neue Armut und deren bittere Folgen schützt.«

Er spricht ohne Manuskript und kann auch die Gesichter der Zuhörer nicht sehen, aber ihr Gemurmel klingt wohlwollend. Er fährt erleichtert fort: »Der Verein soll von dem Bestreben geleitet sein, die Zahl der Armen in eurem Kirchspiel zu verringern und den Wohlstand der Einheimischen zu fördern. Es soll dem herrschenden Übel abgeholfen werden, daß durch Mangel an Geld und Kredit selbst einstmals bemittelte Einwohner ruiniert werden, mittellose Einwohner aber überhaupt nie zu einem Besitz oder zu einer Selbständigkeit gelangen. Die Hilfe darf jedoch nur, um nicht gleich zu Beginn zu einem Schaden des Vereins zu führen, zuverlässigen Einwohnern des Kirchspiels zuteil werden, die sich in sittlicher und religiöser Beziehung gut führen und auch das Bestreben haben, sich durch Fleiß und Sparsamkeit ein Vermögen zu erwerben. Jeder Antragsteller muß selber Mitglied des Vereins werden und auch sichere Bürgschaft durch einen beliebigen Bewohner des Kirchspiels leisten. Auch die wohlhabenden Bewohner, die keinen Kredit bedürfen, werden für die Mitarbeit und die Bereitschaft, Bürge zu sein, belohnt, wenn sich in dem ganzen Kirchspiel die Armut der Bürger vermindert und die Wohltat des sozialen Friedens sich ausbreitet. Darum sollen Nächstenliebe und Christenpflicht die Grundlagen, das persönliche Interesse aber das Bindemittel eures Vereins sein.«

Der Beifall ist groß. Ein Termin wird vereinbart, wo die Vereinsgründung in allen Einzelheiten besprochen werden soll. Auch Leute aus den Nachbarorten wünschen Raiffeisens Beratung und einen Vortrag.

Die ganze Arbeit für die Vereine verrichtet er ehrenamtlich und nimmt dafür keinen Pfennig. Lediglich die Kosten für den Transport müssen ersetzt werden.

Das Buch

Auf der Heimfahrt spricht er mit dem Kutscher über die Verbreitung der Vereine, die sich schon nach seinem Namen nennen. »Die Einladungen häufen sich, und alle wollen einen Vortrag, aber nur am Sonntagnachmittag. Die Anfahrt dauert oft Stunden, und anschließend könnte ich noch lange Fragen beantworten. Es sind beinahe in jedem Ort die gleichen Fragen.«

Der Heddesdorfer Bauer, der ihn schon einige Male gefahren hat, überlegt und sagt: »Wenn Sie das alles aufschreiben und dann in einem Buch drucken lassen würden, dann könnten es die Leute selbst lesen, und Sie müßten nicht mehr so viel reisen. Durch ein Buch könnten auch weit entfernte Orte in Rhein-Preußen und in anderen deutschen Ländern Vereine gründen.«

Da Raiffeisen immer viel Notizen gemacht hat, muß er mit Amalie nur die vorhandenen Unterlagen sortieren und ordnen. Einiges muß neu geschrieben werden. Amalie muß die Abschnitte

Die

Darlehnskassen-Vereine

als Mittel zur Abhilfe

der

Noth der ländlichen Bevölkerung,

sowie auch

der städtischen Handwerker und Arbeiter.

Praktische Anleitung

zur Bildung solcher Vereine, gestützt auf sechszehnjährige Erfahrung, als Gründer derselben,

von

F. W. Raiffeisen.

Neuwied, 1866.

Druck und Verlag der Strüder'schen Buchhandlung.

(Uebersetzung vorbehalten.)

Titelseite der Erstausgabe aus dem Jahre 1866.

immer wieder vorlesen und verbessern. So entsteht das Manuskript. Er geht damit zu Alwin Strüder, der einen Buchhandel und eine kleine Druckerei in Neuwied besitzt. Zum Jahresende 1866 sind die ersten Exemplare fertig. Das Buch mit einem Umfang von 227 Seiten erhält den langatmigen Titel: »Die Darlehnskassen-Vereine als Mittel zur Abhilfe der Not der ländlichen Bevölkerung sowie auch der städtischen Handwerker und Arbeiter. Praktische Anleitung zur Bildung solcher Vereine, gestützt auf 16jährige Erfahrung als Gründer derselben, von F. W. Raiffeisen.«

Mit diesem Buch erfahren die Ideen Raiffeisens eine ungeahnte Verbreitung. Es wird das klassische Buch für ländliche Kreditgenossenschaften und macht die maßgebenden landwirtschaftlichen Behörden, Vereine und einflußreiche Persönlichkeiten auf die Darlehnskassen-Vereine aufmerksam. In einer Rezension heißt es: »Der Verfasser hat durch diese höchst zeitgemäße Schrift und die zwanzigjährige Arbeit, welche ihr vorherging, sich eine Bürgerkrone verdient. In dem Gemüte des nicht gleichgültigen Lesers erwächst still und unaufhaltsam das Gefühl des Dankes für diese überaus nützliche Geistesgabe. Möge sie die weiteste Verbreitung und Anwendung finden!«

Im Dienst für Rhein-Preußen

Die zitierte Rezension stammt von dem Generalsekretär des Landwirtschaftlichen Vereins für Rhein-Preußen, Landrat a. D. Thilmany. Er ist ein Mann von lauterstem Charakter und glühender, tatkräftiger Hingabe an die von ihm vertretene Sache. Er hat umfassende Kenntnisse und ist von großem Einfluß. Er hat als erster das Raiffeisen-Buch bereits im Monat des Erscheinens mit größtem Eifer durchstudiert, in einem längeren Aufsatz besprochen und mit allen Mitteln weiterempfohlen. Auf sein Betreiben tritt auch der Landwirtschaftliche Verein für Rhein-Preußen für die Raiffeisen-Darlehnskassen-Vereine ein und stellt Raiffeisen selbst in den Dienst des Vereins, um mit Rat und Tat bei der Gründung von Darlehnskassen-Vereinen mitzuwirken. Raiffeisen macht im Herbst 1868 seine erste größere Gründungsreise und ruft auf dieser nicht weniger als 18 Vereine ins Leben. Es wird noch im gleichen Jahre eine Hilfsabteilung für das Darlehenskassenwesen gebildet und Raiffeisen zum Direktor ernannt. Die erste Arbeit in dieser neuen Stellung ist die Aufstellung von Normalsatzungen für die Darlehnskassen-Vereine.

Unter Raiffeisens Beteiligung und mit Unterstützung des Landwirtschaftlichen Vereins nehmen die Vereine Ende der sechziger Jahre einen großen Aufschwung, so daß um 1870 bereits 75 Vereine in der Rheinprovinz arbeiten. Nun geht es unaufhaltsam weiter. Die Vereine und ihr Urheber werden immer mehr bekannt. Er tritt in nahe Beziehung zu zahlreichen angesehenen Persönlichkeiten, die sich für sein Werk einsetzen. Wie einst der junge Artillerist außerhalb der Kaserne einen geistig regeren Verkehr unter den Bonner Studenten suchte und fand, so unterhält der pensionierte, halberblindete Landbürgemeister Verbindungen mit Universitätsprofessoren, höheren Verwaltungsbeamten, hervorragenden Männern der landwirtschaftlichen wie volkswirtschaftlichen Praxis. Es ist ein gegenseitiges Geben und Nehmen, getragen von dem Wunsch, Volk und Staat zu dienen und zur Hebung der gedrückten Lage der Bauern und des gesamten Landvolkes beizutragen. Wunderbar und herzgewinnend wirkt die schlichte und einfache Persönlichkeit Raiffeisens auf alle, hoch und niedrig, die mit ihm in näheren Verkehr treten. Die Besten der Zeit werben um seine Freundschaft.

Mit dem Wachstum der Bewegung wächst auch die scheinbar schwache Kraft des geistigen Urhebers. Er bleibt der Mittelpunkt, von dem aus die ganze Bewegung zusammengehalten, gelenkt und gefördert wird. Die Form der zweckmäßigsten Einrichtung der örtlichen Vereine ist gefunden. Unermüdlich arbeitet er an der Ausbreitung, unternimmt Reisen durch ganz Deutschland und verkündet gleich einem Apostel die neue Botschaft der Selbsthilfe, gegründet auf der christlichen Nächstenliebe. Von der Liebe zur Sache durchdrungen, bleibt er nicht bei der Bildung von Vereinen stehen, sondern sucht sie für die Zukunft zu sichern und unter allen Wechselfällen und Stürmen der Zeit segenbringend zu halten. Wie er für den örtlichen Verein die beste Form gefunden hat, so sucht er auch für den Zusammenschluß in höherer Ordnung die richtigen Formen. Er wird zum Organisator großen Stils.

Die Genossenschaftsbank

Die Familie Lauf sitzt in gemütlicher Runde um den Tisch beim Schein der Hängelampe. Auf dem Gehweg werden Tritte hörbar. Ein Stab tastet die Hauswand entlang, und gleich darauf ertönt vom Flureingang ein leises Tiptip, wie wenn jemand mit dem Stock an die Treppenstufe tippt. »Herr Raiffeisen!« Mit diesem Ruf springen die Kinder auf und eilen zur Tür. Sie hängen sich rechts und links bei dem alten Mann, der nun hereinkommt, ein. Stock und Hut werden ihm abgenommen und ein Sessel für ihn herangeschoben. Raiffeisen, der Vereinsvorsteher des Heddesdorfer Darlehnskassen-Vereins, kommt in einer geschäftlichen Angelegenheit zum Vereinsrechner, Lehrer J. Lauf.

Danach bespricht er mit dem Freund noch seine Pläne. Die Familie zieht sich zurück. Raiffeisen rekonstruiert: »Bei der Generalversammlung des Heddesdorfer Darlehnskassen-Vereins am 12. Dezember 1869 wurde die Gründung einer Zentralkasse beraten und darauf beschlossen, mit den übrigen Darlehnskassen-Vereinen zur Ausgleichung des Geldüberschusses und Geldbedarfs in Verbindung zu treten, darauf hinzuwirken, daß zu dem Ende eine Zentralkasse unter gemeinschaftlicher Garantie gebildet werde, und den Vorstand zu beauftragen, mit den Vorständen der übrigen Vereine ein Statut zu vereinbaren und dieses demnächst der Generalversammlung vorzulegen.«

Raiffeisen wendet sich dem Lehrer zu, auch wenn er ihn nur schattenhaft sehen kann. Er sagt: »Ich bin Ihnen ja so dankbar, daß Sie mich bei der Beschlußfassung im Heddesdorfer Verein so unterstützt haben. Mit den umliegenden Vereinen klappt ja der Geldausgleich einigermaßen. Bei den einzelnen Vereinen wechselt der Geldmangel mit Überfluß an Mitteln. Aber was wir jetzt haben, kann nur eine provisorische Lösung sein. Denn die Vereine wenden sich meistens noch an mich, um einen Ausgleich vermittelt zu bekommen. Bei der Neuwieder Genossenschaftsversammlung am 24. Mai 1869 habe ich versucht, einen Kreditverkehr zwischen den Darlehnskassen und den Kreissparkassen in Gang zu bringen. Die anwesenden Landräte haben dies aber vereitelt. Ich habe bei dieser Versammlung jedenfalls erkannt, daß auf eine Zusammenarbeit mit den Kreissparkassen nicht zu rechnen ist. Wir müssen uns wieder einmal auf eigene Füße stellen, um die Zentralisation auf dem Wege der genossenschaftlichen Selbsthilfe zu erreichen. Wir müssen unabhängig von den anderen vorgehen und uns, nächst Gott, auf uns selbst verlassen.

In Flammersfeld habe ich mich ja mit der Wiesenbewässerung befaßt, und ich bin der Ansicht, daß man die Wirksamkeit einer Zentralkasse mit einer Be- und Entwässerungsanlage vergleichen kann. Die Vereinigung der Darlehnskassen-Vereine zu einer Genossenschaftsbank würde einem Stausee gleichen, welcher das Geld von außen heranzuziehen hätte. Dort würde das Wasser hineinfließen, welches die Wiesen entsumpft, und von diesem Behälter aus könnte man die trockenen und mageren Gebiete durch Kanäle versorgen, so daß überall bis in jeden Winkel eines Bezirks hinein fruchtbares Land und neues Leben entsteht.«

Raiffeisen macht eine Pause. Lehrer Lauf hört ihm gerne zu. Er merkt, daß Raiffeisen seine Gedanken weiterführen möchte. »Ich sehe für die Vereine ein Überleben in schwierigen Zeiten nur durch einen solchen Zusammenschluß. Eine enge Verbindung zur zentralen Genossenschaftsbank und eine Aufsichtsfunktion über die Vereine würde sie vor Krisen bewahren. Sie wären nicht mehr für sich allein den Zufälligkeiten und Wechselfällen der Zeit ausgeliefert.«

Es war ein langer Tag für Raiffeisen, und so vermeidet Lehrer Lauf eine anschließende Diskussion. »Weiß Amalie, wo Sie sind?« fragt er.

»Ich habe mich heute nachmittag zu einem Waldspaziergang abgemeldet. Dabei kann ich meine Pläne und Reden am besten durchdenken. Auf dem Heimweg wollte ich noch bei Ihnen hereinschauen. Sie haben recht, Amalie könnte sich um mich Sorgen machen.« – »Ich begleite Sie noch nach Hause«, sagt Lauf, »da können wir noch miteinander weiterreden.«

Vier Jahre lang verhandelt Raiffeisen unermüdlich mit führenden Persönlichkeiten, Professoren und Banksachverständigen, bis endlich am 17. Mai 1872 die »Rheinische Landwirtschaftliche Genossenschaftsbank« mit Sitz in Neuwied gegründet wird.

Die Besonderheit bei der »Landwirtschaftlichen Zentral-Darlehnskasse« ist, daß als Mitglied und Kunden nur Genossenschaften zugelassen werden. Die Aufsichtsratmitglieder sind fast ausschließlich Vorsteher örtlicher Vereine. Raiffeisen übernimmt das Amt des Direktors, und zwar – wie nicht anders zu erwarten – ohne Besoldung. Das Aktienkapital wird auf 250 000 Mark festgesetzt, davon jedoch nur ein Zehntel eingezahlt. Kaiser Wilhelm I. gewährt der Zentralkasse auf Fürsprache des Fürsten zu Wied zur Erstarkung des Reservekapitals ein Geschenk von 30 000 Mark. 25 Vereine beteiligen sich bei der Gründung. 1888, im Todesjahr von Raiffeisen, haben sich bereits 183 Vereine angeschlossen. Noch im Jahr 1874 werden weitere Zentralkassen gegründet, so wie die »Landwirtschaftliche Zentralkasse für das Großherzogtum Hessen« mit dem Sitz in Worms und die »Westfälische Landwirtschaftliche Bank« in Iserlohn. Weitere Zentralkassen sind geplant.

Die Generalbank

Raiffeisen plant die Organisation der Spar- und Darlehnskassen in drei Ebenen. Die unterste Stufe als »Primär-Genossenschaften« bilden die Darlehnskassen-Vereine in den Gemeinden. Als »Sekundär-Genossenschaften« bezeichnet er die Zentralkassen, die einen regionalen Bereich betreuen. Die Spitze der Pyramide soll die Generalbank bilden. So wird als Dachgesellschaft für das ganze Reichsgebiet die »Deutsche Landwirtschaftliche Generalbank«, deren Sitz einmal in Berlin sein soll, 1874 in Neuwied gegründet.

»Jetzt haben Sie Ihr Werk von den Wurzeln bis zu den Gipfeln abgeschlossen«, sagt Dr. Rudolf Weidenhammer, der langjährige Freund und Mitarbeiter. Er ist von Worms nach Neuwied gekommen, um die hessische Zentralkasse zu vertreten. Er fügt die Frage an: »Ist das nicht zu viel Zentralisierung an einem Ort?« – »O nein«, erwidert Raiffeisen, »der zweifache Überbau wird alle Darlehnskassen-Vereine Deutschlands zusammenhalten. Es gibt noch viele Notgebiete. Wenn wir unsere gesammelte Kraft auch dort einsetzen, werden diese letzten Schandflecken sozialer Rückständigkeit und Ausbeutung mit den Jahren verschwinden.«

Er erklärt seinem Freund, wo er noch besondere Notstände sieht: »Schon bei den ersten Vereinsgründungen in Weyerbusch und Flammersfeld habe ich immer wieder erlebt, wie unvorhersehbare Katastrophen, wie Feuer, Hagelschlag, Krankheit und Tod, die Rückzahlung von Krediten in der vorhergesehenen Weise verhinderten. Deshalb suchen wir eine allgemeine Versicherung für die Landwirtschaft. Eine Versicherung würde die Vereine vor Verlust und die Bauern vor Schaden schützen. Ich hoffe, daß wir dies in Verbindung mit der Generalbank aufbauen können. Die Gewinne könnten einer sozialen Stiftung zufließen und zugleich die wirtschaftliche Kraft der Generalbank stärken.«

In seinen Notizen finden wir 1873 einen Entwurf für eine Altersversicherung: »... Versicherung und Rückversicherungen auf Renten und Kapitalien für alle Vorfälle des menschlichen Lebens zu übernehmen, welche der Wahrscheinlichkeitsrechnung unterworfen werden können, und zugleich für die auf den Todesfall Versicherten aus den Jahresüberschüssen eine Altersversorgung in Form einer wachsenden Altersrente zu entwickeln.« Er berät sich mit Fachleuten und berücksichtigt deren Beanstandungen. So arbeitet er an dem neuen Projekt einer mit der Generalbank zu verbindenden »Arminia, deutsche landwirtschaftliche Versicherungsanstalt auf Gegenseitigkeit«. Im Herbst 1874 reicht er seinen neuen Plan beim Ministerium des Inneren ein, welches ihn fast ein Jahr später mit ausführlichen, recht wohlwollenden Begründungen ablehnt.

Viele Ideen und Pläne Raiffeisens scheitern, weil der genossenschaftliche Gedanke von den Zeitgenossen noch nicht in dem erforderlichen Maße erfaßt wird und auch die Gesetzgebung noch keine genügende Handhabe zu gefahrloser Durchführung bietet.

Systemstreit mit Schulze-Delitzsch

Hermann Schulze-Delitzsch, der Gründer der »Vorschuß-Vereine«, kümmert sich bis 1869 kaum um die ländlichen Darlehnskassen-Vereine. Seine Vereine sind für Handwerker und Arbeiter konzipiert. Schulze-Delitzsch ist eine anerkannte Autorität auf dem Gebiet des Genossenschaftswesens und der Schöpfer des Genossenschaftsrechts von 1867. Um die besonderen Bedürfnisse der Landbevölkerung hat er sich jedoch wenig gekümmert.

Erst als der Landwirtschaftliche Verein in der Rhein-Provinz die Ausbreitung der Darlehnskassen-Vereine unterstützt, sieht Schulze-Delitzsch seine Monopolstellung gefährdet. Obwohl es 1871 erst 75 Darlehnskassen-Vereine gegenüber über 2000 Vorschuß-Vereinen gibt, sagt Schulze-Delitzsch dem Raiffeisen-System mit aller Härte den Kampf an. Raiffeisen selbst verteidigt sein System nicht. Andere tun es für ihn. So Landrat a. D. Thilmany vom Landwirtschaftlichen Darlehnskassen-Verein für Rhein-Preußen im Genossenschaftsblatt: »Mögen Ihnen die Darlehnskassen-Vereine untergeordneter Natur und auf verkehrten Grundlagen beruhend erscheinen: den Mitgliedern des Landwirtschaftlichen Vereins, welche ihre heilsame Wirksamkeit aus nächster Nähe zu sehen Gelegenheit hatten, wohnt eine andere Ansicht bei, und Sie werden diese letztere nicht bekehren oder umändern, wenn Sie nicht überzeugendere Gründe beibringen, als in Ihrer wenig urbanen Kritik geschehen ist.«

Zehn Jahre, von 1869 bis 1879, erregt der »Systemstreit« die Gemüter. 1873 schreibt der Landwirtschaftliche Regierungsrat Nöll von Koblenz in der Zeitschrift »Der Arbeiterfreund« von einem »theoretisch unhaltbaren System«, das »auch in der Praxis bereits Schiffbruch erlitten hat«. Darauf antwortet für Raiffeisen der Bonner Professor für Nationalökonomie, Dr. A. Held, sehr sachlich:

Kein gelehrter Nationalökonom, kein kaufmännisches Talent hat sie geschaffen oder wesentlich gefördert, sondern ein praktischer Mann von seltenem Gemeinsinn und begeisterungsvoller Energie des Willens, der als Bürgermeister die Bedürfnisse des dortigen Volkes mit Liebe und Aufopferung studiert hatte, hat sie angeregt und rein durch seine praktischen Erfahrungen unter Mitwirkung der Genossen der Vereine selbst diese nach ihren ersten Anfängen weitergebildet und vielfach geändert. Ohne direkten nachweisbaren Zusammenhang mit den großen sozialen Bewegungen der Zeit ist hier der Assoziationsgeist selbständig erwacht und dem Gemeinsinn, den wir jetzt allenthalben gegenüber den Ausschreitungen des individuellen Egoismus anrufen, ein eigentümliches Gebiet des Wirkens erschaffen worden. Diese originelle, wenn gleich kleine und in ihren Formen vielfach noch mangelhafte Bewegung beweist das Walten eines gesunden Geistes gemeinsinniger Selbsthilfe im deutschen Volke. ... Zu ändern, zu verbessern, weiter zu entwickeln ist vieles. Aber ein Keim gesunder sittlicher Kraft ist nie zu unterdrücken ...

Schulze-Delitzsch macht noch weiter. Er hat sich gleichzeitig auch mit dem »sozialen Bischof« Freiherr von Ketteler angelegt. Er lenkt nicht ein, obwohl er und Raiffeisen das gleiche Ziel haben und sich nur in sekundären Dingen unterscheiden. Streitschriften fliegen hin und her. Theodor Heuss schreibt darüber: »So erbittert haben sich damals nur die Stenographen um die ›wahre Lehre‹ gestritten.«

Die Enquête-Kommission

1874 greift das preußische Landwirtschaftsministerium ein und beauftragt eine Kommission mit der Überprüfung der Geschäftsführung der Darlehnskassen-Vereine. Zu dieser Kommission gehören unter anderem Professor Dr. A. Nasse und Direktor Georg Siemens von der neugegründeten »Deutschen Bank«, der Vetter von Werner von Siemens. Sie überprüfen 28 Vereine in Hessen und Rheinland sowie die Zentralkassen in Worms und Neuwied.

Pfarrer Renckhoff stürmt ganz aufgeregt ins Raiffeisen-Haus. »Wilhelm, hier ist der Prüfungsbericht, den mir Freunde aus Berlin gesandt haben, darf ich ihn gleich vorlesen?« – »Ja, natürlich, du darfst nicht nur, du sollst«, antwortet ihm sein Schwager. Inzwischen holt Amalie die andern Mitarbeiter herbei. Alle sind gespannt. Renckhoff liest:

»... von vornherein tragen wir keine Bedenken, auszusprechen, daß der Gesamteindruck ein überwiegend günstiger gewesen ist, und daß die noch vor kurzem überaus traurigen Kreditverhältnisse der kleinen Landwirte, aus welchen die Vereine größtenteils bestehen, wesentlich verbessert worden sind. Und wenn hier und da noch unverkennbare Mängel zu finden sind, kann doch nur eine weitere Vervollkommnung, nicht aber eine völlige Verwerfung der ganzen Einrichtung in Frage kommen. ... Wir können insgesamt nur rühmen und den günstigen Eindruck hervorheben, den die meisten Vorstandsmitglieder der Vereine auf uns gemacht haben. ... Sehr oft fanden wir leider Vereine, die an ihrem Bestehen gar kein persönliches Interesse haben und nur um ihren ärmeren Mitbürgern zu helfen, in die Genossenschaft eingetreten waren und sich der Geschäftsführung annahmen.«

Alle atmen auf. »Das habe ich alles der Treue meiner Mitarbeiter zu verdanken«, sagt Raiffeisen mit zitternder Stimme.

Vor dem Deutschen Reichstag

Trotzdem gibt Schulze-Delitzsch noch nicht gleich auf. Als Abgeordneter des Deutschen Reichstags bringt er am 19. Januar 1876 höchstpersönlich einen Berufungsantrag ein, in welchem er auf rechtliche Mängel bei den Darlehnskassen-Vereinen und ihren Zentralkassen hinweist. Eine unbeschränkte Haftung hält er für bedenklich und ein Grundkapital für die Zentralkassen für unerläßlich. Er erreicht, daß Raiffeisen seine Zentralkassen und die Generalbank auflösen muß.

Da sich aber die zentrale Bank zum Geldausgleich bewährt hat und benötigt wird, gründet er sie wieder in neuer Form, als Aktiengesellschaft, am 30. September 1876. Das neue Aktienrecht von 1870 erleichtert ihm die Gründung. Er lernt dabei, daß auch eine Aktiengesellschaft den Gemeinsinn pflegen kann, um »Bedingungen zu schaffen, durch die sich die unteren Volksschichten zu einem kräftigen Mittelstand emporarbeiten können, und wodurch sich der Mittelstand erstarken und erhalten kann«.

Die Hessische Zentralkasse

Nach längerer Zeit und auf eine unwiderstehlich liebe Einladung von Raiffeisen kommt der frühere Mitarbeiter und Freund Dr. Rudolf Weidenhammer aus Darmstadt wieder nach Neuwied. Schon bald merkt Raiffeisen im Gespräch, daß die frühere gute Beziehung sich wesentlich verändert hat. Weidenhammer leitet seit einigen Jahren mit dem jungen Direktor Wilhelm Haas die Hessische Zentralkasse als Dachverband der Hessischen Genossenschaftsvereine und ist inzwischen stark von Haas beeinflußt. Bei dem Gespräch geht es um die neue Generalbank, nach der Umgestaltung in eine Aktiengesellschaft.

»Wie sollen wir jetzt weitermachen?« fragt Raiffeisen. Dr. Weidenhammer antwortet unverbindlich und geht weiteren Fragen aus dem Wege. So sagt Raiffeisen schließlich: »Auf jeden Fall berufe ich sobald wie möglich alle Mitglieder der Generalbank zu einer Versammlung ein.« Darauf Dr. Weidenhammer: »Der hessische Verband hat sich der Generalbank nicht unterstellt.« Raiffeisen kann seine große Enttäuschung kaum verbergen, sagt aber trotzdem freundlich: »Dennoch hoffe ich, daß Sie mit Direktor Haas zur Generalversammlung kommen werden.«

Erst später stellt Raiffeisen fest, daß Weidenhammer, mit dem er als sein Stellvertreter im Anwaltschaftsverband noch eine Zeitlang zusammenarbeitete, ein Doppelspiel geführt hat. In Hessen und in Süddeutschland schließen sich die ländlichen Genossenschaften der »Vereinigung der deutschen landwirtschaftlichen Genossenschaften« (1903 »Reichsverband«) an, deren führender Kopf Haas ist. Alle Versuche Raiffeisens, diesen Verband zu einer gemeinsamen Arbeit zu gewinnen, sind vergeblich. So schreibt Raiffeisen dem abtrünnigen Weidenhammer: »Wenn wir nun auch augenblicklich in der Genossenschaftsangelegenheit nicht übereinstimmen und nicht zusammengehen, so soll mich das nicht hindern, Ihnen meine freundschaftliche Gesinnung zu bewahren. In der Hoffnung, daß die Zeit kommen wird, wo wir wieder einmütig zusammenwirken können, verbleibe ich mit herzlichem Gruß.«

Raiffeisen erlebt das leider nicht mehr. Erst 1930 gelingt es Andreas Hermes, die 36 339 ländlichen Genossenschaften der beiden Verbände, mit über vier Millionen Mitgliedern, im »Reichsverband der deutschen landwirtschaftlichen Genossenschaften – Raiffeisen« zusammenzuschließen. 1948 wird daraus der »Deutsche Raiffeisenverband e. V.«

Wie in vielen Bereichen, belebt die Konkurrenz das Geschäft. Als weitere Frucht der verschiedenen Entwicklungen und des damit verbundenen Kampfes darf das neue Genossenschaftsgesetz vom 1. Mai 1889 angesehen werden. Ein Jahr später wird in Paris der 1. Mai zum Tag der Arbeiter erklärt.

Der Anwaltschaftsverband

Landrat a. D. Thilmany vom Landwirtschaftlichen Verein Rhein-Preußen ist zu einem Gespräch in Neuwied. »Ich kann die Beratungsreisen in diesem Umfang im Rheinland«, sagt Raiffeisen, »leider nicht mehr durchführen. Ich habe auch so viele Anfragen aus anderen deutschsprachigen Ländern. Da wäre es erst recht wichtig, daß ich selbst hinreise.« – »Das ist gar keine Frage, lieber Raiffeisen, das sehen alle ein. Aber was können oder was sollen wir tun, um unsere und neu hinzukommende Vereine zu beraten?« – »Es geht nicht allein um Beratung, sondern auch um Überprüfung der Darlehnskassen-Vereine, und das nimmt viel Zeit in Anspruch. Ich als beinahe blinder Mann kann das sowieso nicht leisten«, antwortete Raiffeisen.

Thilmany überlegt und rät: »Es wären einige junge Mitarbeiter für diese Aufgabe nötig. Der Landwirtschaftliche Verein kann nach all den Angriffen von Schulze-Delitzsch nicht die Anstellung übernehmen. Es muß auch eine Organisationsform dafür gefunden werden, die das Vertrauen der Darlehnskassen hat und trotzdem ganz unabhängig prüfen kann.«

Raiffeisen denkt laut: »Man müßte eine Art Anwaltschaft bilden – einen Verein, der Leute anstellt, die jährlich alle Kassen visitieren, der sie berät und überprüft, aber an den sich die Vereine auch schriftlich wenden können, wenn sie Fragen haben. Sie sollen trotz aller Aufsicht ganz selbständig und unabhängig bleiben.« – »Wie wäre es«, fragt Thilmany, »wenn wir bei der nächsten Versammlung der Rheinischen Darlehnskassen-Vereine einen Vorschlag für die Bildung eines Anwaltschaftsverbandes für alle Genossenschaften einbringen würden? Am besten, Sie konzipieren die Funktion und machen gleich einen Entwurf für die Satzungen.«

Am 26. Juni 1877 wird bei der Generalversammlung einstimmig die Gründung des Anwaltschaftsverbandes beschlossen, wie ihn Raiffeisen in seinen Satzungen entworfen hat:

... Der Anwaltschaftsverband hat die Aufgabe, die Darlehnskassen-Vereine zu verbreiten, sie in ihrer Wirksamkeit zu unterstützen, ihre Interessen in jeder Beziehung nach Kräften zu

— 55 —

Reichs-Gesetzblatt.

№ 11.

(Nr. 1856.) Gesetz, betreffend die Erwerbs- und Wirthschaftsgenossenschaften. Vom 1. Mai 1889.

Wir Wilhelm, von Gottes Gnaden Deutscher Kaiser, König von Preußen ꝛc.

verordnen im Namen des Reichs, nach erfolgter Zustimmung des Bundesraths und des Reichstags, was folgt:

Erster Abschnitt.

Errichtung der Genossenschaft.

§. 1.

Gesellschaften von nicht geschlossener Mitgliederzahl, welche die Förderung des Erwerbes oder der Wirthschaft ihrer Mitglieder mittelst gemeinschaftlichen Geschäftsbetriebes bezwecken (Genossenschaften), namentlich:

1. Vorschuß- und Kreditvereine,
2. Rohstoffvereine,
3. Vereine zum gemeinschaftlichen Verkaufe landwirthschaftlicher oder gewerblicher Erzeugnisse (Absatzgenossenschaften, Magazinvereine),
4. Vereine zur Herstellung von Gegenständen und zum Verkaufe derselben auf gemeinschaftliche Rechnung (Produktivgenossenschaften),
5. Vereine zum gemeinschaftlichen Einkaufe von Lebens- oder Wirthschaftsbedürfnissen im Großen und Ablaß im Kleinen (Konsumvereine),
6. Vereine zur Beschaffung von Gegenständen des landwirthschaftlichen oder gewerblichen Betriebes und zur Benutzung derselben auf gemeinschaftliche Rechnung,
7. Vereine zur Herstellung von Wohnungen,

erwerben die Rechte einer „eingetragenen Genossenschaft" nach Maßgabe dieses Gesetzes.

Ausgegeben zu Berlin den 10. Mai 1889.

fördern, besonders auch die gemeinschaftlichen Bezüge der notwenigen Wirtschaftsbedürfnisse sowie den gemeinsamen Verkauf der selbstgewonnenen Produkte herbeizuführen, endlich die Vereine nach außen, namentlich gegenüber den Behörden und dem Gesetzgeber, zu vertreten...

Auch die Anwaltschaft gehört zum System Raiffeisens und verbreitet sich über ganz Deutschland. Dr. Weidenhammer, der zuerst Vizeanwalt ist, scheidet nach einiger Zeit mit den Worten aus: »Ich bin zwar der Meinung, daß durch Vermittlung der Genossenschaften der Geist der christlichen Bruderliebe geweckt und gepflegt werden kann, ich halte es aber für höchst nachteilig für eine Sache, wenn man umgekehrt den Geist der christlichen Bruderliebe anruft, um die Genossenschaften zu beleben. Die Kreditgenossenschaften haben durchaus materiellen Charakter, und die stete Benutzung des Stichworts ›Christliche Bruderliebe‹ kann in der öffentlichen Meinung nur dazu beitragen, daß man der Bestrebung andere Tendenzen unterlegt als die Entwicklung der Genossenschaften... Ich bitte also meinen Austritt als Vizeanwalt aus Ihrem Verbande hiermit anzunehmen...«

Als Raiffeisen seiner Tochter Amalie davon berichtet, kommentiert er: »Aus wirtschaftlichen Gesichtspunkten hätte ich nie den Brotverein in Weyerbusch oder den Flammersfelder Hilfsverein gegründet.«

Ausdauer

Freunde und Mitarbeiter bewundern die Schaffenskraft und Leistungsfähigkeit von Vater Raiffeisen. Krank und beinahe blind ging er vor vielen Jahren in den Ruhestand. Scheinbar nicht mehr fähig, ein öffentliches Amt zu führen, baut er eine Organisation auf, die dank der von ihrem Schöpfer fest umrissenen Grundlage und des in alle Einzelheiten durchdachten Ausbaus allen Stürmen der Zeit trotzt. Jeder Widerstand ist für ihn nur ein Anlaß, mit neuer Energie den Kampf aufzunehmen. Die Frage nach der dahinter stehenden Kraft beantwortet er uns selbst:

»Nur durch das bewußte Arbeiten für Gott gewinnt man die nötige Kraft und Ausdauer, läßt man sich nicht durch Nebenrücksichten, nicht durch Ehr- und Gewinnsucht leiten, nicht durch Unannehmlichkeiten oder Undank abschrecken, kommt erst der rechte Geist in unser Streben.«

Doch ganz erschließt sich die Großartigkeit seines Werkes nur dem, der die einzigartige Größe seiner persönlichen Leistung aus der Betrachtung seiner letzten Lebensjahre ermessen lernt. Seinem geheimnisvollen Drang, die ihm von Gott gestellte Aufgabe zu lösen, muß alles dienen – sein Leib, seine Familie, sein Haus. Mit erstaunlicher Energie zwingt er seinen kranken Körper zur Arbeit. Ein äußert streng geregeltes Leben hilft ihm, die Tücken seiner von Aufregung und Enttäuschung geschwächten, überreizten Nerven so zu überwinden, daß er seine Arbeit verrichten kann.

Ein junger Mitarbeiter, der spätere Professor Dr. Martin Faßbender, schreibt:

Was endlich Raiffeisens Lebensweise anging, so war dieselbe in Kleidung und Nahrung außerordentlich anspruchslos. Zeitig stand er morgens auf. Vor dem Frühstück fand eine etwa zehnminütige gemeinsame Hausandacht anhand der »Losungen« der Herrnhuter Brüdergemeine statt. Das Frühstück bestand aus einer Tasse Milch und einem Butterbrot. Nach einem viertelstündigen Spaziergang im Garten begab sich Raiffeisen an die Erledigung der Korrespondenz. Da er selbst wegen seiner Augen nicht schreiben konnte, diktierte er seine Gedanken seiner Tochter Amalie in die Feder. Die Pflichttreue, Opferwilligkeit und Selbstverleugnung, mit der diese Tochter ihren Vater lange Jahre hindurch bei seinen Arbeiten unterstützt hat, verdient hier ein rühmendes Gedenken. Für die treue Hilfe, die ihm sein »Geheimsekretär«, wie er seine Tochter gewöhnlich nannte, leistete, war Raiffeisen sehr erkenntlich. Die Diktate nahmen in der Regel den ganzen Morgen bis gegen 11 Uhr in Anspruch. Bis zum Mittagstisch wurden andere Geschäfte besorgt. Das Mittagessen bestand aus einem Gang: Suppe, Fleisch, Gemüse und Kartoffeln, Obst oder Nachspeise, ohne Wein und Bier. Aus Rücksicht auf die Katholiken, die vielfach an der Mahlzeit teilnehmen, war ein für allemal für die Freitage des ganzen Jahres Fastenspeise vorgesehen. Nach Tisch zog sich Raiffeisen für einen kurzen Mittagsschlaf zurück, worauf wieder mit den Diktaten begonnen und diese bis in den Abend fortgesetzt wurden. Nachmittags trank Raiffeisen eine Tasse Kakao. Gegen 18 Uhr nahm er ein kleines Glas griechischen Wein ein, und als Abendessen diente ihm ein fleischbelegtes Butterbrot, wozu er ein kleines Glas Bier trank. Nach dem Abendessen wurde die Zeitung vorgelesen. Dann widmete er sich seiner Familie. Da wurde dann gewöhnlich musiziert, denn Raiffeisen war ein großer Musikfreund. Die Tochter Amalie spielte die kleine Hausorgel, die beiden Brüder Cremer Geige und Cello und eine Freundin der jüngsten Tochter Bertha, die Tochter des verstorbenen Freundes Schoeler, begleitete oft auf dem Klavier. Das bei solchen Musik- und Unterhaltungsabenden vorhergehende Essen war ebenfalls einfach.

Anspruchslos wie die Mahlzeiten war auch die Einrichtung im Hause. Er war ungehalten, wenn ohne sein Wissen neue Anschaffungen gemacht wurden. Solche schienen ihm im Hinblick auf sein Werk und die Wohltätigkeit unrecht. Dagegen war sein Haus trotz der Knappheit der Mittel überaus gastfrei. Alle die, die in Sachen der Genossenschaftsarbeit in sein Haus kamen, mußten bei ihm essen, ja übernachten, wenn sich das mit der weiten Reise besser machte oder die Aussprachen fortgesetzt werden sollten. Besonders nach den Sitzungen des Aufsichtsrates oder irgendeiner Kommissions- oder Vereinstagung lud er so viele Teilnehmer in sein Haus und an seinen Tisch, für wieviele eben Platz war.

»Auslandsreisen«

Die Regelmäßigkeit des häuslichen Lebens wird durch häufiges Reisen unterbrochen. Fast jährlich macht sein gebrechlicher, durch die aufreibende Arbeit mitgenommener Zustand längere Erholungsreisen nötig. Durch sein Buch, inzwischen in der zweiten, überarbeiteten und erweiterten Auflage von 1872 und schon wieder beinahe ausverkauft, erhält Raiffeisen viele Anfragen für

Vorträge und Beratung aus ganz Deutschland und Österreich. In Begleitung eines Mitarbeiters macht er Werbe- und Aufklärungsreisen. Vom bayrischen Landwirtschaftsministerium erhält er eine offizielle Einladung. Zu Verhandlungen reist er nach Hessen und nimmt auch persönliche Fühlung mit den höchsten Reichs- und Staatsbehörden in Berlin auf.

Eine Zeitung berichtet von einer Rede, die Raiffeisen auf Veranlassung der königlichen Zentralstelle für Landwirtschaft am 28. Oktober 1880 in Stuttgart vor einer vollen Versammlung gehalten hat. In der Einleitung des lehrreichen Vortrags über »Ländliche Darlehnskassen-Vereine« betont Raiffeisen, es gereiche ihm zu besonderer Freude, in Württemberg, welches die Heimat seiner Väter sei, über genanntes Thema sprechen zu können. Er habe immer Sympathien für Württemberg gehabt, habe es mit Vorliebe nach allen Richtungen durchstreift und auf diese Weise Land und Leute kennengelernt, so daß er wohl in der Lage sei, über die Verhältnisse der Bevölkerung ein Urteil zu haben. Er könne nur sagen, daß er die Einrichtung der Darlehnskassen-Vereine für die württembergischen Verhältnisse für sehr passend und geeignet halte.

Anhand seiner Satzungen spricht er dann über die Abgrenzung des Vereinsbezirks, Rechte und Pflichten, Zusammensetzung des Vorstands und des Aufsichtsrats, über die Person des Rechners, Beschaffung der Gelder, Dauer der Darlehensgewährung und den Zinsfuß.

Er spricht über die Nöte: Ein hauptsächlicher Schaden auf dem Lande sei das »heimliche Schuldenmachen«, wovon oft nicht einmal die Ehefrau etwas wisse. Erst wenn alles verschuldet sei und das Unglück unaufhaltbar näher rücke, dann komme alles an das Tageslicht. Daher sollten auch die Wohlhabenderen den Verein benützen, damit die anderen es ebenfalls tun. Sie lernen dann, den Verein als ihren Geldschrank zu benützen. Man sage den Leuten: »Habt ihr Geld übrig, dann legt es im Verein nutzbar an. Habt ihr Geld nötig, so geht nicht zum Wucherer, sondern entnehmt es dem Verein.«

Nachdem er den Nutzen, den die Gründung eines Darlehnskassen-Vereins mit sich bringt, geschildert hat, geht er zu der Frage über: »Wer soll zur Verbreitung der Vereine mitwirken?« Er sagt hierzu: »Es müssen alle zusammenwirken! Es liegt im Interesse und ist Pflicht der Staatsregierung, die Verbreitung der Vereine zu fördern, denn die ländliche Bevölkerung ist die beste Stütze des Staates. Aber auch die Geistlichen und Lehrer sollen mitwirken, denn die geistige und leibliche Wohlfahrt gehen Hand in Hand. Deshalb muß auch die wohlhabende Klasse mit Hand anlegen.«

Im Herbst 1880 reist Raiffeisen im Auftrag des Ministeriums für Landwirtschaft und Forsten nach Oberschlesien. Drei Tage dauert die Hin- sowie auch die Rückreise; auch nachts ist er unterwegs. Er soll ein Gutachten über die Notwendigkeit der Gründung von Darlehnskassen-Vereinen erstellen. Er bittet, »inkognito« reisen zu dürfen. Er versucht sich ein objektives Bild von der Lage der Bauern, Landarbeiter und anderen Bevölkerungsgruppen zu machen und beschränkt sich in seinem ausführlichen Bericht keineswegs auf die Darlehnskassen-Vereine. Manches in Schlesien erinnert ihn an die Notzeiten der vierziger Jahre im Westerwald. Aber insgesamt seien die polnischen Bauern wie die deutschen Bauern fleißig, sparsam und genügsam und auf die Erhaltung ihres Besitzes bedacht. Für die besitzlosen Landarbeiter allerdings gebe es wenig Möglichkeiten, sich emporzuarbeiten. Eine Bodenreform sei dringend notwendig. Der kleinbäuerliche Besitz ist wie in vielen anderen Gebieten Deutschlands stark zersplittert, eine gesetzliche Beschränkung der weiteren Parzellierung, ohne gewaltsame Eingriffe in das Eigentum, hält er für angebracht. Den Bericht sendet Raiffeisen auch an Fürst Wilhelm zu Wied. Seit seinem Kreissparkassenprojekt von 1854 steht er mit den Mitgliedern dieses Fürstenhauses in regem Gedankenaustausch.

Familienangelegenheiten

In Schlesien besucht er auch noch gleich seine Tochter Lina, die in Gutschdorf mit dem kaufmännischen Direktor Hurter verheiratet ist. Raiffeisen war nicht ganz unschuldig daran, daß Johann Jakob Hurter seinen Namen änderte. (Er hatte vor der Hochzeit den nicht so schönen Namen »Ochs«.) Zwei Enkelkinder kann der blinde Großvater auf seinen Schoß nehmen. Der Abschied von Gutschdorf fällt ihm nicht leicht, als hätte er schon geahnt, daß

Lina 1883 im Wochenbett stirbt. Da muß er dann auch seine Tochter Amalie für einige Zeit entbehren. Sie reist nach Gutschdorf, um die drei verwaisten Kinder zu pflegen und zu betreuen. Die jüngste Tochter Bertha verheiratet sich mit dem Fabrikanten Julius Fuchs.

Die Töchter machten Raiffeisen immer große Freude. Sie waren sein ganzer Stolz. Ein schweres Kreuz war für den Vater aber der unglücklich veranlagte Sohn Rudolf. Dieser kehrt nach manchen wirren Lebensschicksalen noch in den letzten Lebensjahren Raiffeisens in das Vaterhaus zurück und gibt durch neugeordnete Lebensführung wieder Hoffnung, daß er doch einmal das Werk fortführen und sich als Träger des Namens Raiffeisen würdig erweisen werde. An seine Tochter Lina schreibt Raiffeisen am 4. September 1877 aus Heddesdorf:

. . . in vier Wochen ist nun Rudolf frei, und wir wissen immer noch nicht, was er dann anfängt. Er behauptet, Ihr hättet ihn eingeladen und glaubt, in Breslau für ihn eine Stelle zu finden. Ist dem so? Hier bei uns hat er sich im Geschäft ganz unmöglich gemacht, und auf der faulen Haut soll er hier nicht liegen. Am besten wäre es, er ginge ins Ausland. Sollte er zu euch kommen, so haltet ihn ja recht kurz und laßt seinen freiherrlichen Gelüsten keine Zügel schießen. Wenn er jetzt so alle paar Tage nach Hause kommt, ist er ganz ordentlich und wir alle sind auch sehr freundlich zu ihm. Gebe Gott, daß noch ein ordentlicher Mensch aus ihm werde.

Am 3. April 1881 schreibt Raiffeisen nach Schlesien:

Liebe Kinder Lina und Jakob!
Rudolf hat von meinem Geburtstage wieder keine Notiz genommen. So schön auch alle Worte in seinem Brief waren, so war es mir doch nicht möglich, mich darüber zu freuen. Die Ursache davon konnte ich mir selbst nicht erklären, da ich mich doch so gerne gefreut hätte. Ich habe ihm aber dennoch herzlich und freundlich geschrieben, mich jedoch verpflichtet gefühlt, ihn auf zweierlei aufmerksam zu machen. Nämlich, daß er die Vergebung Gottes nur erhalten könne, indem er sich den Opfertod

Tochter Lina (Karoline), Schwiegersohn Jakob Hurter mit zwei Enkelkindern.

unseres lieben Heilandes durch den Glauben zueigne. Ich machte ihm dann den Vorschlag, daß jeder von uns an Karfreitag zum Abendmahl gehen solle und daß er sich durch aufrichtige Buße darauf vorbereiten möge. Dann sagte ich ihm, daß er die Buße auch dadurch bekunden müsse, daß er seinen Verpflichtungen betreffs seiner Schulden nachkommen und daß er doch nicht ans Heiraten denken möge, bis dies geschehen sei. Er hatte mir geschrieben, von jetzt an solle sein Leben offen vor mir liegen und er wolle mir alles von seiner Vergangenheit mitteilen. Anstatt mir recht offen wieder zu schreiben, verfällt er in seinen früheren Trotz und seine Verstockung zurück. Der Eindruck, welchen ich schon beim Lesen seines Briefes unwillkürlich bekam, ist hierdurch verstärkt worden. Leider scheint er noch ganz der alte zu sein, und es bleibt mir so nichts übrig, wie nach wie vor für ihn zu beten. Tut Ihr das auch und seid mit den lieben Kleinen auf das Herzlichste gegrüßt von eurem liebenden Papa.
Unterschrieben mit F. W. R.

Die Hoffnung des Vaters hat sich leider nicht erfüllt. Nach seinem Tode erhielt Rudolf für drei Jahre eine leitende Position in der Raiffeisen-Organisation, dann verschwand er nach Spanien.

Eine Liebesgeschichte

Frisch von der Ausbildung kommt Martin Faßbender nach Heddesdorf und arbeitet zuerst als Assessor in der Zigarrenfabrik mit. Er führt die Bücher und stellt fest, daß kein befriedigender Gewinn erzielt worden ist und auch wohl nicht erzielt werden kann. Er schlägt vor, sich auf die vor einigen Jahren angefangene Weinhandlung zu konzentrieren und die Zigarrenfabrik abzustoßen. Faßbender zeigt großes Interesse an der Entwicklung des Genossenschaftswesens. Er wird vom Landwirtschaftlichen Verein als »genossenschaftlicher Wanderlehrer« angestellt. Er soll bei der Gründung neuer Vereine mitwirken, Vorstand und Rechner in ihre Aufgaben einweisen und letzteren mit einer ordnungsgemäßen Buchführung vertraut machen. Faßbender ist oft im Raiffeisenhaus, und wenn Vater Raiffeisen verreist ist, bespricht er seine Arbeitsergebnisse und -pläne mit Amalie. Es ist ein Aus-

Amalie Raiffeisen

tausch der Gedanken, wobei beide lernen – er von ihrer langjährigen Erfahrung und tiefen Einblicken als engste Vertraute von Vater Raiffeisen; und Amalie ist begierig, ihr Wissen zu erweitern aus dem Schatz von Faßbenders Studium. Es ist ein Geben und Nehmen. Er lernt sie als eine sehr praktische und überaus hilfsbereite Frau und Mutter des Hauses kennen. Er wundert sich, daß ein so prächtiges Mädchen noch nicht verheiratet ist. Sicher ist es für sie gar nicht so leicht, die jetzige Aufgabe und vor allem den Vater zu verlassen.

Über dieses Thema kann Faßbender indes mit ihr nicht sprechen, auch wenn sonst ein geradezu geschwisterliches Verhältnis zwischen ihnen besteht. Aus zuverlässigen Quellen hat er nämlich erfahren, daß Amalie schon einmal heimlich verlobt war, aber aus Rücksicht auf den Vater und auf sein Bitten den Geliebten zu lange warten ließ, so daß dieser dann eine andere heiratete.

Faßbender setzt sich also hin und schreibt:

Liebes Fräulein Amalie!
Ich greife zur Feder, weil ich diese meine Gedanken nicht aussprechen kann. Wir sind uns in dem letzten Jahre sehr nahe gekommen und haben über viele Themen gesprochen. Ich bewundere Sie und fühle mich von Ihnen angezogen. Aber trotzdem hielten Sie immer auf einen gewissen Abstand, ohne daß ich die Gründe in Erfahrung bringen konnte. Ich weiß, daß es schwierig ist, über seine Gefühle zu sprechen, manchmal auch schon nur darüber nachzudenken. Bei all dem, was Sie leisten, haben Sie wahrscheinlich auch wenig Zeit dazu. Ich kann mir denken, daß Sie schon manchen ernstlichen Bewerber hatten und die Verbundenheit zu Ihrem ehrwürdigen Vater eine schnelle Entscheidung ausschließt.
Ich bin mir bewußt, daß meine Zugehörigkeit zur katholischen Kirche und meine Jugend keine gute Ausgangsposition bedeuten und ich Ihren hohen ethischen Ansprüchen an einen Partner nicht genüge. Ich möchte deshalb nur vorsichtig fragen, ob ich mir ein ganz klein wenig Hoffnung im Blick auf einen ernsthaften Antrag machen kann. Über ein paar Zeilen von Ihrer Hand würde ich mich sehr freuen.
Ihr ergebener Martin Faßbender

Fürst Wilhelm zu Wied

Es dauert längere Zeit, bis Faßbender einen Brief mit einer kurzen Antwort von ihr erhält: »Leider kann ich Ihnen in absehbarer Zeit keine Zusage geben, auch wenn ich Ihnen weiterhin zugetan bleiben möchte. Ihre Amalie.«

Von der Stiefmutter, Maria Raiffeisen, erfährt Faßbender, daß sein Brief Amalie sehr erschüttert habe und sie danach viel geweint hätte. Jedoch auch ihr hätte sie die Gründe nicht genannt. Faßbender schreibt in seinem Buch: »Raiffeisen hing an dieser Tochter mit inniger Liebe und doch ist es für mich zweifellos, wie ich aus einer Bemerkung einige Zeit vor Amalies Lebensende deutlich entnehmen konnte, daß Raiffeisen durch ein mangelhaftes Verständnis ihrer Eigenart und aus einer sicherlich falsch verstandenen Fürsorge das Lebensglück dieser Tochter sehr beeinträchtigt hat. Raiffeisen hatte ihr die Ehe mit einem Mann, dem sie bis zum Grabe die Liebe bewahrt hat, verhindert.«

Neue Geschäfte

Die Genossenschaftsbank und der Anwaltschaftsverband haben kein Geld für die laufenden Unkosten. Die Vereine treten nur zögernd bei und haben noch nicht begriffen, daß zur Unterhaltung solcher Zentralstellen Beiträge notwendig sind. Raiffeisen, als Direktor und Anwalt, arbeitet nicht nur gänzlich ohne Vergütung, sondern steuert auch eigene Mitteln bei, welche er sich durch kaufmännische Tätigkeit und seine Weinhandlung erwirbt. Mit der Ausdehnung der Organisation wächst die Arbeit der Anwaltschaft, so daß weitere Hilfskräfte eingestellt werden müssen. Dazu fehlen aber die Mittel. Um sie zu schaffen, erweitert er seine Privatgeschäfte durch Aufnahme neuer Geschäftszweige. Er übernimmt eine Generalagentur der Lebensversicherungs- und Ersparnisbank zu Stuttgart und gründet eine Druckerei zum Druck und Vertrieb der für die Geschäftsführung der Vereine notwendigen Sachen und Formulare. Die Anwaltschaft bezieht gemeinsam landwirtschaftliche Bedarfsartikel (Düngemittel, Sämereien, Kohlen usw.) für die angeschlossenen Vereine. Die Einnahmen aus allen diesen Unternehmungen dienen dazu, die Kosten der Anwaltschaft und Kassenleitung zu bestreiten.

Raiffeisen beschließt schließlich, unter Zustimmung seiner

Kinder, sein Privatgeschäft ganz der genossenschaftlichen Arbeit zu unterstellen. Er gründet am 1. Juli 1881 die Firma »Raiffeisen, Faßbender und Konsorten« als eine offene Handelsgesellschaft und überträgt ihr all seine Privatgeschäfte. Durch einen notariellen Akt werden Vorkehrungen getroffen, daß der Reingewinn nur für die gemeinnützigen, sozialen Zwecke, namentlich zur Durchführung der dem Anwaltschaftsverband obliegenden Aufgaben der Verbreitung und Förderung von Darlehnskassen-Vereinen, dienen soll.

Nach kaufmännischen Begriffen ist eine Firma, welche auf solchen Grundsätzen beruht, ein Unding. Ihr Wesen wird von Außenstehenden nicht begriffen und erregt ungewöhnliches Mißtrauen. Es werden Verdächtigungen verbreitet, der Anwalt benütze sein Amt nur zu selbstsüchtigen Zwecken. Immer wieder muß Raiffeisen sich verteidigen. Sein gutes Gewissen gibt ihm Kraft; man hört den willensstarken, entschiedenen Mann, wenn er auf dem Vereinstag ländlicher Genossenschaften 1883 redet: »Nachdem ich aber gefunden habe, daß, je mehr ich mich bemühe, über den Zweck der Firma Aufklärung zu geben, um so mehr Mißverständnisse entstehen und unbegreifliche Ansprüche erhoben werden, erkläre ich nunmehr, daß niemand das Recht hat, sich in die Geschäfte der Firma einzumischen, und daß, wenn wiederum jemand eine Einmischung versuchen wollte, derselbe eine Zurückweisung erfahren wird, welche an Entschiedenheit nichts zu wünschen übrig lassen dürfte. Ich gebe zu, daß mein Verfahren für manche unbegreiflich ist. Sie mögen sich gedulden, bis Gott mich bald von dieser Welt abruft.«

Den eigentlichen Zweck der Firma faßt er viel weiter, als nur Geldmittel zu beschaffen. Sie soll eine Schule, eine Ausbildungsstätte für Mitarbeiter sein. »Die Teilnehmer müssen leben wie die Apostel. Sie sollen für die notleidende Menschheit arbeiten und sich, soweit es nötig ist, ihren Lebensunterhalt selbst verdienen. Stimmberechtigte Teilnehmer können nur werden, welche eine bestimmte Anzahl von Jahren tatsächlich den Beweis geliefert haben, daß sie mit größter Hingabe für die Sache arbeiten und kein eigenes Interesse verfolgen. Die kaufmännische Firma ist beinahe Nebensache. Die Erziehung der Auszubildenden zur Gemeinschaft ist für die Ausführung, Erhaltung und erfolgreichen

Wirksamkeit der Organisation eine Lebensfrage. Diese Bildungsanstalt für Mitarbeiter gibt dem Anwaltschaftsverband, auch der Zentralkasse, bei Besetzung der betreffenden Stellen eine Auswahl geschulter, gewandter und zuverlässiger Beamter.«

Mitarbeiterschulung

Mit heiligem Ernst arbeitet Raiffeisen an der Ausbildung seiner Mitarbeiter. Seine größte Sorge ist, daß sie den richtigen Geist haben. Schon gleich bei der Anstellung pflegt er auf den Bibelspruch hinzuweisen, der als Richtspruch für ihre Arbeit in der Organisation zu gelten habe: »Was ihr getan habt einem unter diesen meinen geringsten Brüdern, das habt ihr mir getan.« In seinem Zimmer, unter vier Augen, redet er wie ein Freund und Vater über das Ziel und erforscht die Echtheit der Gesinnung.

An die junge Hilfskraft Cremer, den späteren Generalanwalt der Organisation, schreibt er unter anderem:

Da ich Sie auf die zu überwindenden Schwierigkeiten im voraus recht gründlich aufmerksam gemacht habe, werden Ihnen diese gewiß nicht unerwartet gekommen sein. Sie sind sogar für Sie besser, als wenn Sie von Anfang an große Erfolge erzielt hätten. Mit dem Widerstand muß die eigene Kraft geschult werden und wachsen, wir können sonst die große und wichtige Aufgabe, welche wir übernommen haben, nicht erfüllen . . . Als amtlichen Bericht bitte ich mir künftig einen wortgetreuen Auszug Ihres Tagebuchs zu übersenden. Jeden Abend sind darin alle Gesuche und Bemühungen für die Versicherung sowie die ganze Zeitverwendung in telegraphischer Kürze zu notieren. Es mag die Zeit verwendet worden sein, wie sie wolle. Wie Ihnen bekannt ist, müssen wir viele Mitarbeiter ausbilden, wenn wir die große Aufgabe erfüllen wollen. Da jeder selbständig arbeitet, ist es nötig, daß er zunächst an sich selbst, dann aber auch seinen Vorgesetzten Rechenschaft über die Zeitverwendung gibt. Daß diese auch teilweise zur Erholung benutzt werden muß, versteht sich von selbst. Da Sie nun auch die zukünftigen Aspiranten ausbilden sollen, ist es wichtig, daß Sie denselben gegenüber als gutes Beispiel vorangehen.

Die Vielfalt der Genossenschaften

Sehr bald erkennt Raiffeisen, daß seine gut florierende Weinhandlung den Winzern wohl hilft, einen besseren Preis zu erzielen als bei anderen Händlern, aber daß es doch viel wichtiger ist, die Weinbauer für die genossenschaftliche Verarbeitung und Verwertung und für den gemeinsamen Vertrieb zu gewinnen. So gibt er seinen Weinhandel auf und konzipiert eine Satzung für Winzergenossenschaften. Er hält Vorträge, setzt sich sehr ein und ist sehr optimistisch, weiß aber aus Erfahrung, daß man beim Beginn einer Genossenschaft nur Teilaspekte verwirklichen kann und daß ein jahrelanger Wachstumsprozeß nötig ist, um die Menschen zu überzeugen, alle Möglichkeiten des genossenschaftlichen Zusammenarbeitens zu verwirklichen.

Die rasche technische Entwicklung hilft bei der Verbreitung des Genossenschaftsgedankens. Zum Beispiel konnte die Erfindung der Zentrifuge und des Pasteurisierens der Milch nur mit der Einrichtung von Molkerei-Genossenschaften genutzt werden. Neben dem Geldverkehr wird bald von vielen Darlehnskassen-Vereinen der Warenverkehr aufgenommen. In der dritten Auflage seines Buches, 1881, behandelt Raiffeisen neben den Darlehnskassen-Vereinen auch »Consum-, Verkaufs-, Gant-, Winzer-, Molkerei-, Viehversicherungs- usw. Genossenschaften«.

Natürlich bringen diese verschiedenen Genossenschaften ein weit größeres Risiko. In diese Zeit fällt auch die Einführung der Elektrizität, die zuerst zum Teil auch genossenschaftlich organisiert wird. Landmaschinen-Genossenschaften folgen später.

Bildungsvereine

Raiffeisen möchte die Menschen zum gemeinsamen Wirken motivieren und ihnen nicht einfach ein System überstülpen. Zur Ergänzung der Darlehnskassen-Vereine sieht er die Gründung von »Landwirtschaftlichen Kasinos« vor und entwirft 1880 die Satzungen dafür. Es geht ihm um die Aufklärung der Bauern, den technischen Fortschritt zu nutzen, um damit höhere Erträge zu erzielen, aber auch um eine allgemeine landwirtschaftliche Weiterbildung. Dazu ist eine Öffnung der Themen zum allgemeinen wissenschaftlichen und musischen Bereich hin vorgesehen. Vor allem sollen die sozial-ethischen und humanitären Themen als Grundlage der gemeinschaftlichen Selbsthilfe behandelt werden. Die Prinzipien des Systems Raiffeisen sind: Selbstverantwortung, Selbstverwaltung – soweit möglich, ehrenamtlich –, Freiwilligkeit und Beteiligung der Mitglieder, aber auch die Toleranz gegenüber Politik und Konfession. Im Bereich der Bildungsarbeit möchte Raiffeisen besonders auch die Pfarrer und Lehrer der Dörfer miteinbezogen wissen.

»Sterben ist mein Gewinn«

Das ganze Jahr 1887 hindurch erfüllt Raiffeisen die Aufgabe des Organisators, diktiert die Antworten auf Hunderte von Anfragen und Briefen, leitet die Versammlungen, die Sitzungen, den Vereinstag, reist, lernt die jungen Hilfskräfte an, bearbeitet daneben die 5. Auflage seines Buches über die Darlehnskassen-Vereine und die 6. seiner »Kurzen Anleitung zur Gründung von Darlehnskassen-Vereinen«. Als ihm Geheimrat Thiel auf seinen Wunsch im Oktober 1887 den Entwurf zum neuen Genossenschaftsgesetz schickt, setzt er sich wochenlang hin und arbeitet trotz eines Hustens, der seine bereits vorhandenen Atembeschwerden stark vermehrt, ein langes Gutachten zu dem Entwurf. Im November bekommt er eine Lungenentzündung und schwebt nach Aussagen des Arztes in großer Gefahr.

Kaum genesen, erwartet und empfängt ihn aufs neue die Arbeit. Die Hoffnung nach Ruhe ist aufgegeben. Er hält aus. Am Jahresschluß schreibt er an Thiel: »Ich befinde mich jetzt Gott sei Dank wieder auf dem Weg der Besserung. Ich habe nicht die geringsten Zweifel, daß noch die Zeit kommen wird, wo man sich über das Vorhandensein der Organisation freuen wird. Hätte ich diese Überzeugung nicht, würde ich längst aufgehört haben, zu arbeiten (wohl auch zu leben). Besonders wäre dieses Jahr geeignet gewesen, mich dazu zu veranlassen. Ich habe während desselben viel Aufregung, viel Arbeit; ich kann sagen, kaum eine ruhige Stunde gehabt.«

Raiffeisen eröffnet den neunten Jahrgang seines Genossenschaftsblattes 1888 wie in allen Vorjahren mit einem Neujahrsgruß: »Das neue Jahr und die alten Sorgen . . .« Er hat Sorge um sein teures, ihm ans Herz gewachsenes Werk. Er schließt: »Die Sorgen, wie wir unseren Verpflichtungen nachzukommen vermögen, dürfen uns niemals verlassen.«

Seit der Krankheit im November hat sich ein dauerndes Unwohlsein eingestellt, welches sich seit Beginn des Jahres steigert. Er erlebt die Freude, daß der Entwurf zum Genossenschaftsgesetz umgearbeitet wird. Aber auch allerlei neue Anfeindungen gegen die Darlehnskassen-Vereine fehlen in dieser Zeit nicht. Die Sorge um einen Nachfolger nimmt ihn stark in Anspruch. 1882 ist Martin Faßbender als stellvertretender Anwalt ausgeschieden und auch aus der Firma ausgetreten. Er übernimmt die Geschäfte eines Generalsekretärs im Westfälischen Bauernverein. Am 7. September 1886 schreibt Raiffeisen an Thiel: »Der Mensch denkt, Gott lenkt. Ein Gedanke ging dahin, mich zurückzuziehen. Als Herr Dr. Behr sich freiwillig einstellte, um sich den Vereinsangelegenheiten zu widmen und die obere Leitung zu übernehmen, glaubte ich, der ersehnte Zeitpunkt wäre dazu gekommen. Ich hatte mich getäuscht, der liebe Gott, unser oberster Direktor, hatte es anders beschlossen. Herr Dr. Behr, sehr nervenleidend, befindet sich augenblicklich in einem Ostseebade. Die Ärzte haben ihm jede aufregende Tätigkeit untersagt und ihm den Rat erteilt, sich einen ruhigeren Posten, etwa als Richter, zu suchen. Hiernach muß ich also die Bürde wieder übernehmen und so lange es Gottes Wille ist, forttragen.«

Immer häufiger kann Raiffeisen seinen Posten nicht mehr ausfüllen. Theodor Cremer und einige weitere bewährte Mitarbeiter teilen sich die Führungsaufgaben. In der Woche vom 4.–10. März 1888 haben sich die Leiden so gesteigert, wie es selten gewesen ist. Es sind die Tage, wo ganz Deutschland um den Heimgang des alten Kaisers Wilhelms trauert. Tief greift die Nachricht auch Raiffeisen ans Herz und weckt noch einmal die müden Lebensgeister. Im Jahre 1882 hat ja Kaiser Wilhelm in einem ehrenvollen Schreiben an Bürgermeister Raiffeisen seine Verdienste als Gründer und Anwalt der Darlehnskassen-Vereine gewürdigt.

Am 10. März tritt eine Besserung ein, das Schlimmste scheint überwunden zu sein. Er fühlt sich wohler und kann sogar eine kurze geschäftliche Besprechung mit den Mitarbeitern anberaumen. Am Sonntagmorgen, dem 11., steht er wie gewöhnlich auf und läßt sich ankleiden. Dann nimmt er mit gutem Appetit noch sein Frühstück ein. In stiller Betrachtung und inbrünstigem Gebet sitzt er im Lehnstuhl, von der Familie und seinen nächststehenden Beamten umgeben. Noch einmal spricht er das Vaterunser. Dann wird er bewußtlos. Um 12.30 Uhr sinkt sein Kopf zurück. Der Tod kommt als Erlöser; Raiffeisen schließt, wie es Fürst Wilhelm zu Wied damals ausdrückt, »seine blinden und doch innerlich so hellsehenden Augen für immer«.

Die Nachricht erweckt allgemeine Teilnahme und Trauer bei den unzähligen Freunden und Mitarbeitern seiner Organisation. Freudig hatten sie sich schon auf den in wenigen Tagen bevorstehenden 70. Geburtstag Raiffeisens vorbereitet, um ihn in einer festlichen Veranstaltung zu ehren. Sein Freund und Förderer des Genossenschaftswesens in Thüringen, Kirchenrat Dr. theol. Adolf Wuttig, hatte bei der Friedrich-Wilhelm-Universität in Bonn beantragt, Raiffeisen den Doktor ehrenhalber zu verleihen.

Viele Freunde und Mitarbeiter kommen, um den geachteten Menschenfreund und Vater Raiffeisen noch einmal aufgebahrt zu sehen. Seine Durchlaucht, der Fürst zu Wied, kommt als erster. Tief erschüttert, unter Tränen den Verlust eines langjährigen Freundes beklagend, legt er die Hand auf die Stirn des Entschlafenen und sagt, zu den dabeistehenden Beamten der Organisation gewendet: »Ich habe einen Freund verloren, von welchem ich viel gelernt habe. Führen Sie das Unternehmen im Sinne und Geiste des Dahingeschiedenen durch, so wird alles gut gehen.«

Auf dem Friedhof in Neuwied-Heddesdorf findet Raiffeisen Ruhe von seinem Leiden. Er stirbt im Glauben an den Herrn Jesus Christus und kann wie der Apostel Paulus bekennen: »Christus ist mein Leben, darum ist Sterben für mich nur Gewinn.«

Wir erfüllen hiermit die traurige Pflicht, von dem heute Mittag 12¼ Uhr erfolgten Ableben unseres unvergesslichen Chefs, des langjährigen Directors der Landwirthschaftlichen Central-Darlehnskasse u. Anwalts ländlicher Genossenschaften,

Ritter des Rothen Adlerordens,

Herrn F. W. Raiffeisen,

Mittheilung zu machen.

Wir verlieren in dem Dahingeschiedenen einen liebevollen, stets hilfsbereiten Vorgesetzten, väterlichen Rathgeber und Freund, welcher uns immer ein leuchtendes Vorbild bleiben, und in dessen Geiste weiter zu wirken unser fortgesetztes Streben sein wird.

Sein Andenken werden wir stets in Ehren halten.

Neuwied, den 11. März 1888.

Die Beamten
der Landwirthschaftlichen Central-Darlehnskasse und der Anwaltschaft ländlicher Genossenschaften.

Gestern Mittag um 12 Uhr starb der Vorsteher des hiesigen Darlehnskassenvereins

Herr Bürgermeister a. D.

Fr. W. Raiffeisen,

Ritter pp.

Unser Verein, aus dem 1853 durch den Verstorbenen hier gegründeten Wohlthätigkeitsverein nach und nach zu seiner jetzigen Einrichtung erwachsen, besteht nunmehr 35 Jahre, und während dieser ganzen Zeit hat der Verblichene demselben angehört und vorgestanden. Seine umsichtige Thätigkeit, seine Hingabe und Treue in unserm Vereinswesen wird unvergessen bleiben.

Heddesdorf, den 12. März 1888.

Der Vorstand und Verwaltungsrat des Heddesdorfer Darlehnskassenvereins.

Die Anzeigen sind ganz in Raiffeisens Sinn bescheiden gehalten. Da Kaiser Wilhelm I. zwei Tage vor ihm starb, war das Echo auf seinen Tod nicht allzu groß.

Auf seinem Grabmal in Neuwied-Heddesdorf steht der von ihm gewünschte Bibelvers aus Matth. 22, 37 und 39: »Du sollst den Herrn, deinen Gott, lieben von ganzem Herzen, von ganzer Seele und von ganzem Gemüt und deinen Nächsten wie dich selbst.«

Theologische Aspekte

Wer und was war Friedrich Wilhelm Raiffeisen?

Ich hoffe, daß diese Frage in dem vorliegenden Lebensbild und in den Zitaten im Anhang eindeutig beantwortet ist. Trotzdem sollen im folgenden noch einige Punkte seines Christseins speziell angesprochen werden.

Ein frommer Christ

Es soll Genossenschaftler geben, die sich der Frömmigkeit Raiffeisens schämen. Sie dürfen wissen, daß das Christsein Raiffeisens geradezu zwang, keine »christlichen Vereine« ins Leben zu rufen, sondern schlicht die »Darlehnskassen-Vereine«.

Raiffeisen war ein frommer Christ und bekannte sich auch öffentlich dazu. Martin Faßbender schreibt, wie er mit Raiffeisen auf einer Reise zu einer angesehenen Familie zu Tisch eingeladen wurde. Die Rede kam auf religiöse Fragen. Raiffeisen sprach offen von seinem Glauben an Christus und von der Notwendigkeit des Gebets. Tiefgehende theologische Diskussionen und spekulative Ideen liebte er nicht. Er sprach vom Standpunkt des einfachen, schlichten Christen aus. Die Gastgeberin wurde beim Gespräch so erregt, daß sie alle Regeln des Anstandes gegenüber ihrem Gast vergaß und ausrief: »Herr Raiffeisen, wenn Sie mir sagen, daß Sie fromm sind, so verliere ich jegliche Achtung vor Ihnen!« Raiffeisen antwortete sehr ruhig: »Ja, gnädige Frau, ich bin das, was Sie fromm nennen, und muß zu meinem Bedauern auf Ihre Achtung verzichten.«

Ein Pietist

Den Schwaben wie auch den Siegerländern sagt man Zielstrebigkeit, Geradheit und eine gewisse Dickköpfigkeit nach. Und so ist es kein Wunder, daß Raiffeisen, gemäß der Herkunft seiner

Familie, diese Eigenschaften in reichem Maße besaß. Die tiefe Siegerländer Frömmigkeit seiner Mutter hat ihn genauso in seinem Glaubensleben geprägt wie die Verbindung nach Württemberg. Der Pietismus, der in beiden Regionen beheimatet ist, zeichnet sich durch die persönliche Hingabe und ein Leben mit Christus aus. Die Liebe und das Vertrauen zur Bibel sind seine Grundlage. Zeugnis und Dienst gehören mit zum Glauben, der in der Liebe tätig ist.

Der Pietismus ist eine Bewegung, die sich gegen Ende des 17. und im 18. Jahrhundert gegen die orthodoxe Erstarrung der Kirche wendet. Er ist nicht, wie vielfach behauptet, nur eine verinnerlichte Religiosität, die sich in frommem Werk dokumentiert und die Welt verachtet. Dafür ist Raiffeisen ein typisches Beispiel. Die pietistische Reich-Gottes-Theologie mit dem ganzen Ernst der persönlichen Heiligung und dem leidenschaftlichen Interesse an einer göttlichen Welt- und Menschheitsgeschichte ist eine der Wurzeln seines Glaubenslebens. Das Reich Gottes ist überall dort, wo Menschen sich in ihrem Leben nach dem Willen Gottes richten. Der Wille Gottes ist erkennbar in Jesus Christus. In den Zitaten, besonders Nr. 18 und Nr. 36, erfahren wir von Raiffeisen, wie er sein Christsein versteht. Pfarrer J. Hasselhorn schreibt darüber:

Die oft zitierten Bibelworte haben für Raiffeisen die Aufgabe, sich selber und andere Menschen so in die Wirklichkeit Gottes hineinzurufen, daß diese Wirklichkeit im Leben zum Tragen kommt. Er sieht sich aufgrund der Heiligen Schrift als Gegenüber Gottes, und er weiß, daß wir alle einem Gericht Gottes entgegengehen, in dem Gott ein Urteil spricht, welches über das Geschick des Menschen – im wahrsten Sinne des Wortes – endgültig entscheidet.

Der Glaube kann nicht leben, ohne zu wirken! Aber die Erlangung des Himmels oder die Herbeizwingung des Reiches Gottes ist nicht das Bild des Ziels des menschlichen Tuns; vielmehr macht das Hineingehören in das Reich Gottes frei, vernünftige Werke zu vollbringen. Es ist ein und dieselbe Sache von zwei verschiedenen Seiten her gesehen: Römer 14,23: »Was nicht aus dem Glauben geht, das ist Sünde.« Und Jakobus 2,17: »Auch der Glaube, wenn er nicht Werke hat, ist tot an ihm selber.« Luther

drückt das so aus: »Der Glaube kann gar nicht ohne ständige, große lebendige Werke sein.«
Der Pietismus, wie ihn Raiffeisen im Siegerland und in Württemberg kennenlernt, zeigt ihm die Verantwortung des erweckten Christen für die ganze Menschheit und Schöpfung. Weil der Pietismus in besonderer Weise auf die Vollendung des Reiches Gottes ausgerichtet ist, darum hat er gerade in seinen Anfängen viele pädagogische und wirtschaftliche Anregungen im Volk wirksam werden lassen, denn das Reich Gottes will die neue Menschheit auf der erneuerten Erde. Mit der Erwartung des Tausendjährigen Reiches (nach Offenbarung 20) verzichtete der Pietismus auf das Festhalten an alten Ordnungen und Gewohnheiten. Man wußte in lebendiger Weise um die Vorläufigkeit der weltlichen Ordnungen und blieb darum in allen Organisationsformen beweglich.

Das Tausendjährige Reich ist eine Zwischenstation im Heilsplan Gottes, welches manchmal vom Pietismus überbewertet wurde. Aber die Vorbereitung darauf hatte ganz konkrete Auswirkungen. Zum Beispiel mußten Haus, Hof und die Straße für so einen langen Zeitraum in Ordnung sein. In der Gegenwart kam es nun darauf an, mit den Gaben, die Gott gegeben hatte, treu hauszuhalten, für das Wohl der Gesamtheit.

Ein Sozialreformer

Raiffeisens Ideen hatten für die damalige Zeit revolutionäre Tendenzen, aber er war kein Revolutionär. Ihm lag nicht am Umsturz des bestehenden, sondern an einer langsamen Verwirklichung der Gottesordnung, nach Maßgabe des an der Heiligen Schrift geschärften Gewissens. Auf dem Land fängt der große Entwicklungsprozeß zur modernen Gesellschaft mit der Bauernbefreiung an. Mit der Säkularisierung setzt sich das zeitgemäße Nützlichkeitsdenken in allen Lebensbereichen durch. Am Lebenswerk Raiffeisens wird die Säkularisation als legitime Frucht des christlichen Glaubens deutlich (von Oppen). Es entsteht eine neue ländliche Gesellschaft, die der sonst konservative Raiffeisen als gläubiger Christ bejaht. Er gestaltet in echter Vielseitigkeit das menschliche Gemeinschaftsleben nach dem Maß menschlicher Einsicht und Verantwortung (Hasselhorn).

Bibeltreu

Oberste Instanz für all sein Tun ist das Wort Gottes. Philosophische und theologische Erörterungen sind nicht seine Sache. Er ist ein ausgesprochener Pragmatiker und hält nicht viel von grauer Theorie. Die Triebfeder seiner Arbeit liegt in der Bergpredigt. Die Konsequenz daraus ist die Brüderlichkeit und die Nächstenliebe. Der Nächste, der Bedürftige, ist nach biblischem Verständnis derjenige, dem ich Liebe schuldig bin. Diese Haltung hat bei Raiffeisen seine Begründung in der Gottesliebe. Die »Christenpflicht« ist das persönliche Weitergeben der Gottesliebe an den anderen, der auch von Gott geliebt ist. Das Weitergeben der Gottesliebe soll dem anderen Menschen helfen, in Freiheit zu leben. Die Bedürftigen werden als gleichwertige Personen ernstgenommen. Die Wertung des anderen Menschen ist mit dem Einsatz eines unendlichen Vertrauens verbunden, welches im Sinne Raiffeisens allerdings nicht anders zu gewinnen ist als von dem »Kapital« her, daß Gott mich liebt (Hasselhorn).

Das Buch »Nachfolge Christi« von Thomas von Kempen schätzte er sehr hoch und ließ sich in seinen späteren Jahren auch daraus vorlesen. Er entwickelte auch immer wieder eine Konzeption für eine christliche Kommunität. Der Grundgedanke Raiffeisens ging dahin, eine Gesellschaft, vielleicht unter dem Namen »Societas Caritas« oder »Gesellschaft Caritas«, zu bilden, die den Zweck hatte, aufgrund des Anspruches Christi: »Alles was ihr einem der Geringsten meiner Brüder getan habt, das habt ihr mir getan« durch Förderung entsprechender Einrichtungen zur Linderung der Not der Bedürftigen und zur Besserung der sozialen Verhältnisse der minderbegüterten Volksklasse beizutragen. Die Mitgliedschaft sollte nur Leuten christlichen Bekenntnisses, diesen aber ohne Unterschiede der Konfession gestattet sein. Die Aufzunehmenden sollten durch ihre ganze Vergangenheit gezeigt haben, daß sie gern gemeinnützig tätig sein wollten. Die Mitglieder der »Caritas« sollten das Versprechen ablegen, ehelos zu bleiben, keinen Privatbesitz zu erwerben und den Vorgesetzten unbedingt zu gehorchen. Der Austritt aus der Gesellschaft sollte ins freie Belieben der Mitglieder gestellt sein. Ausgehend von der biblischen Gemeinschaft der Heiligen, sah Raiffeisen in einer Kommunität oder Gesellschaft eine gemeinschaftliche Form praktischer Nächstenliebe.

Bete und arbeite

Von da ist es dann auch nicht mehr weit zu der Grundregel des Benedict von Nursia: »Bete und arbeite!« Raiffeisen legte das einmal so aus: »Wir sollen uns nicht darauf beschränken, Gott um seine Hilfe zu bitten, sondern in fleißiger und treuer Pflichterfüllung mitwirken, daß Gottes Segen und menschliche Rührigkeit zusammen den Erfolg bestimmen. Das Arbeiten allein aber tut es nicht, sondern wir sollen bei der Arbeit uns leiten lassen von einer höheren Absicht. Art und Zweck unserer Tätigkeit sollen bestimmt werden durch Gottes- und Nächstenliebe. Gottes Wille soll aber nicht nur durch uns, sondern auch an uns in Erfüllung gehen.«

Wenn er auch besonders viel auf Fleiß und Arbeitsamkeit sah, so schätzte er doch auch sehr den Wert des Gebetes. In schweren Zeiten, wo er unter der Last von Arbeit und Sorgen zu unterliegen fürchtete, hat ihn seine Tochter Amalie wiederholt in seinem Zimmer auf den Knien liegend und laut betend gefunden. Bezeichnend für das Gottvertrauen und den inneren Verkehr mit Gott, den Raiffeisen unterhielt, ist folgender Ausschnitt aus einem Brief an seine Tochter: »Ja, ein köstlicher Gesellschafter ist der Herr Christus. Hätte ich ihn nicht, ich verginge hier vor Langeweile, da ich nicht lesen und nicht schreiben darf. So aber sitze ich oft, wohl stundenlang, in dem nahen Kiefernwald und unterhalte mich mit Ihm.«

Ein Theologe

Da Raiffeisen keine christlichen Vereine gegründet hat, sondern sachlich arbeitende Darlehnskassen-Vereine, haben Professoren der Sozialethik und der Kirchengeschichte lange Zeit kaum Notiz von ihm genommen. Pfarrer Johannes Hasselhorn, als Leiter der lutherischen Heimvolkshochschule in Hermannsburg, hat Raiffeisen 1963 in einem Büchlein der evangelischen Christenheit wieder bekannt gemacht. Dietrich von Oppen, Professor für Soziologie und evangelische Sozialethik in Marburg, hat in seinem Artikel über die »Gemeinschaft der Heiligen« Raiffeisen als Heiligen im evangelischen Sinne dem Benedict von Nursia gleichgestellt.

Raiffeisen hat die Theologie als eine Theorie betrachtet. Aber wenn man Theologie nicht nur als eine Wissenschaft, sondern als das Reden von Gott versteht, dann ist Raiffeisen selbst ein wahrer Theologe gewesen. Schon in seiner Jugendzeit hat er die verschiedenen protestantischen Kirchen und Strömungen kennengelernt. In den späteren Jahren hat er sich sehr mit der Lehre der katholischen Kirche befaßt. Auch sein Brief aus Hohenzollern, in welchem er über eine Erweckung in einem katholischen Gebiet berichtet, ist dazu ein Beitrag. Sein katholischer Mitarbeiter Faßbender widerspricht entschieden der Ansicht, die damals ausgesprochen wurde, daß Raiffeisen in seinen späteren Jahren im Herzen katholisch gewesen wäre, aber aus Scheu vor der Öffentlichkeit und um der Genossenschaftssache in protestantischen Kreisen nicht zu schaden, den Übertritt nicht vollzogen habe. Einmal erzählte Raiffeisen Faßbender: »Als ich mich zuerst genötigt sah, mich an katholische Geistliche wegen des Darlehnskassenwesens zu wenden, hatte ich eine große Angst, sie würden von mir verlangen, daß ich nun auch katholisch werde, aber keiner sprach davon. Dagegen fand ich freundliche Aufnahme und eifrige Unterstützung. Dies aber«, so erzählte er weiter, »veranlaßte mich, mich näher mit den katholischen Lehren bekannt zu machen, und ich fand, daß dieselben durchweg mit den meinen übereinstimmen.« Allerdings hätte Raiffeisen sich nie dem Lehramt der katholischen Kirche unterwerfen können.

Faßbender schreibt: »Bei der Bildung seiner religiösen Anschauung ließ sich Raiffeisen nicht von der Deutung der Heiligen Schrift noch von den Lehren der Kirchengemeinschaft leiten, sondern er verließ sich auf seinen ›angeborenen, praktischen Sinn‹. Von tieferen philosophischen und theologischen Untersuchungen hielt ihn aber sein eigentümlicher Bildungsgang wie auch seine natürliche Begabung ab, und so ist er niemals zu einer systematisch abgerundeten Anschauung des Christentums im Sinne einer Konfession oder theologischen Schule gelangt. Sein Standpunkt ist ökumenisch und in bezug auf kirchliche Lehrmeinungen tolerant. Wichtig sind ihm allein die christlichen Prinzipien der Nächstenliebe und des Gemeinsinns. Er möchte zur Überbrückung der konfessionellen Gegensätze beitragen und wünscht, daß auch die Genossenschaften eine Brückenfunktion ausüben.«

An einen befreundeten Professor in Bonn schreibt Raiffeisen: »Für Christen gibt es keinen Zufall, und so dürfen wir wohl annehmen, daß uns die Vorsehung zusammengeführt hat, um gemeinschaftlich, so weit unsere Kräfte reichen, an dem Wohl unserer Mitmenschen zu arbeiten.« Etwas später schreibt er: »Was ist ein Menschenleben gegen die Ewigkeit, für welche wir doch eigentlich arbeiten sollten?«

Der Genossenschaftsmann

Die Quelle seiner Kraft ist der starke Gottesglaube, die Überzeugung, daß die ganze Bewegung von Gott hervorgerufen wurde und geleitet wird. »Man nennt die Vereine nach meinem Namen. Ich habe dieselben indes nicht erfunden. Der erste Verein war ein Kind unserer Zeit, aus der Not geboren. Ich habe nur Patenstelle dabei vertreten.«

Für Raiffeisen war das Genossenschaftswesen eine praktische Betätigung des Christentums im öffentlichen Leben. Die eigentliche Aufgabe seiner Vereine sah er in der Schaffung notwendiger wirtschaftlicher Einrichtungen, um »die Verhältnisse ihrer Mitglieder in sittlicher und materieller Beziehung zu verbessern«. Raiffeisens Frömmigkeit wurzelte in biblischem Realismus.

Die Darlehnskasse-Vereine sehen auf den ersten Blick nach

reinem Geschäftsverkehr aus und lassen die tieferen Grundlagen nicht erkennen. Auch Raiffeisen fragte: »Wie soll es christlich weitergehen?« Im ersten Kapitel seines Buches führte er die »soziale Krankheit«, welcher er gegenüberstand, auf »die Entchristlichung unserer Zeit« zurück. Seine Antwort darauf aber war nicht eine neue Verchristlichung oder gar Verkirchlichung, sondern eben die Gründung seiner ganz nüchtern geschäftsmäßig aufgezogenen Genossenschaften, die einen neuen Menschentypus prägten, weil sie eine neue Form menschlichen Zusammenlebens darstellten. Sie waren eine neue Antwort auf die alte Frage nach dem Verhältnis von einzelnem und Gemeinschaft und zugleich eine neue Antwort auf die alte Frage nach dem Verhältnis von Glaube und Geld (von Oppen).

Christentum war für Raiffeisen kein Deckmantel für »sekundäre Ziele«; eine christliche Verbrämung konnte nicht seine Sache sein. Wenn heute die Landwirtschaftlichen Produktionsgenossenschaften im Osten unseres Vaterlandes sich »Genossenschaften« nennen, dann ist das ein Hohn auf das, was Raiffeisen und andere getan haben. In diesen LPGs geht es ja gar nicht darum, die Verhältnisse ihrer Mitglieder in sittlicher und materieller Beziehung zu verbessern. Die bessere Ausnützung des Bodens ist nur ein Vorwand für die Kollektivierung der Landwirtschaft; es geht um die totale Beschlagnahmung des ganzen Menschen für die Ideologie des Kommunismus. Die LPGs sind – gemessen an der Nüchternheit Raiffeisens – ein Spiel mit dem toten Gerippe einer »Zunft- und Ständeordnung« der politischen Funktionäre und Brigadiers. Sie wollen im Namen des Atheismus eine Lebens-, Wirtschafts- und Glaubensgemeinschaft herbeizwingen, die gegenüber der gesellschaftlichen Entwicklung der modernen säkularisierten Welt ein eindeutiger Rückschritt ist.

Im Geiste Raiffeisens zu organisieren, wird immer bedeuten, den gegebenen und zu erreichenden Erfordernissen gegenüber sachlich zu handeln und im ernstnehmenden Säkularisierungsprozeß auf die Inanspruchnahme des ganzen Menschen entschieden zu verzichten (Hasselhorn).

Raiffeisen weltweit

Ungeahnte Ausweitung

Raiffeisen war überzeugt, daß sich seine Darlehnskassen-Vereine durchsetzen würden. Er schreibt am 16. Februar 1881: »... der Organisation der Vereine geht es wie der deutschen Eiche. Aus unscheinbaren Anfängen wuchs diese Organisation anfangs sehr langsam, hat sich aber allmählich so kräftig entwickelt und wird ohne Zweifel zuletzt so stark werden, daß sie den wirtschaftlichen Stürmen der Zeiten mehr als ein anderes Geldinstitut trotzen wird...«

Raiffeisen darf es noch erleben, wie sich seine Idee über ganz Europa ausdehnt. Die »Siebenbürgersachsen« in Rumänien gründen 1885 Darlehnskassen-Vereine, die genau den deutschen Raiffeisen-Kassen entsprechen. In Österreich und der Schweiz werden 1886 die ersten Vereine konstituiert und ein Jahr später in Generalgenossenschaften zusammengefaßt. In Ungarn und in Chile wird in den achtziger Jahren Raiffeisens Buch übersetzt. In vielen Sprachen erscheinen Berichte, Aufsätze und Broschüren, die zur Verbreitung der Raiffeisen-Genossenschaften beitragen. Vor 1900 gibt es in mindestens 18 europäischen Ländern Raiffeisen-Genossenschaften. 1897 gründet der Franzose Louis Dourand den »Internationalen Raiffeisen-Genossenschaftsverband«.

Die Entwicklung erreichte aber auch andere Erdteile. Hier fanden sich kluge und verständige Männer, die die Ideen Raiffeisens den Denk- und Lebensweisen der anderen Länder anpaßten. Besonders trugen auch die deutschen und europäischen Auswanderer zur Verbreitung der Raiffeisen-Idee in viele Länder der Welt bei. Starke Impulse zu genossenschaftlichen Bindungen gingen von den Kolonialmächten aus, die vom Mutterland her deren segensreiche Wirksamkeit kannten. Die Engländer legen bei den ländlichen Genossenschaften in Indien das Raiffeisen-Muster zugrunde. Der Engländer F. Nicholson, der die genossenschaftlichen Einrichtungen in aller Welt studiert, schließt 1895 seinen Bericht über die Landwirtschaftsbanken in Indien mit dem Aufruf: »Findet Raiffeisen!«

Die Entwicklung in vielen Ländern der Dritten Welt, in den Jahrzehnten nach dem Zweiten Weltkrieg, zwingt die Gesellschaft neue Wege zu suchen. Die genossenschaftliche Bindung gewährleistet einen einigermaßen reibungslosen Übergang von der Subsistenzwirtschaft zur Marktwirtschaft. Absatzgenossenschaften stehen am Anfang dieser Entwicklung, aber auch Produktions- und Einkaufsgenossenschaften und Darlehnskassen setzen sich durch (Bauert-Keetmann). Der frühere Bundespräsident Heinrich Lübke hat einmal gesagt, daß sich die Genossenschaften als der beste Exportartikel der Bundesrepublik erwiesen haben.

Modell für die »Dritte Welt«

Was vor 130 Jahren von Raiffeisen entwickelt wurde, hat heute eine unveränderte Aktualität. Seine Gedanken und Grundsätze zur Selbsthilfe, Selbstverantwortung und Selbstverwaltung, also zur Beteiligung des einzelnen am Entwicklungsprozeß, gelten nach wie vor. Die meisten Entwicklungsländer sind überwiegend Agrarländer. Millionen kleiner Bauern befinden sich in ähnlicher Lage wie die Bauern und Handwerker in den armen Westerwalddörfern zu Raiffeisens Zeit. Ihre Betriebe sind zu klein, um sich auf moderne und lohnende Wirtschaftsformen umstellen zu können. Sie erzeugen und vermarkten in altgewohnter Weise und sind auf Gedeih und Verderb den die Märkte beherrschenden Händlern und Konzernen ausgeliefert. Es fehlt ihnen an Betriebsmitteln, besonders an Betriebskapital, häufig aber auch an dem für fortschrittliche Methoden nötigen Wissen. Die wirtschaftliche, soziale und schließlich auch politische Zukunft dieser Länder hängt mehr oder weniger davon ab, ob es ihnen gelingt, ihre Landwirtschaft in die Lage zu versetzen, eine zumeist schnell zunehmende Bevölkerung mit wachsenden Lebensansprüchen ausreichend zu versorgen und für den Export zu produzieren. Diese Umstellung kann nicht von einzelnen bewirkt werden.

Es ist deshalb verständlich, daß sich die Entwicklungsländer mit der Bitte um Rat und Hilfe an die Genossenschaften in Deutschland, der Urheimat und dem geistigen Ausgangspunkt der ländlichen Genossenschaften, wenden. Die Raiffeisen-Organisation hat sich diesen Bitten nie verschlossen. Im Rahmen der deutschen genossenschaftlichen Entwicklungshilfe sind bisher 3500 genossenschaftliche Fach- und Führungskräfte aus Entwicklungsländer in mehr als 100 Fachseminaren und Fortbildungsprogrammen geschult worden. Zusätzlich gingen zahlreiche Mitarbeiter der deutschen Genossenschaften in die Entwicklungsländer, um dort einheimische Genossenschaftler als Multiplikatoren auszubilden. Neunzig Entwicklungsländer haben bisher die Raiffeisen-Organisation um Rat und Hilfe beim Aufbau ihrer jungen Genossenschaften gebeten.

Zu dem Grundsatz der Hilfe durch Selbsthilfe bekennen sich Millionen von Menschen auf allen Kontinenten. Insgesamt sind heute etwa 330000 Genossenschaften in fast 100 Ländern mit über 150 Millionen Mitgliedern im Sinne Raiffeisens tätig. Die »Genossenschaften« in sozialistischen Ländern sind hier nicht mitgezählt.

Anläßlich des 150. Geburtstages von Friedrich Wilhelm Raiffeisen ist 1968 die Internationale Raiffeisen-Union (IRU) entstanden, ein Zusammenschluß von Genossenschaftsorganisationen aus 40 Ländern der Welt. Die IRU hat den Zweck, das Gedankengut Raiffeisens zu pflegen, in der Öffentlichkeit zu vertreten und seine Verwirklichung mit zeitgemäßen Mitteln weltweit zu unterstützen. So werden z. B. in internationalen Managementseminaren vornehmlich Genossenschaftsprobleme der Entwicklungsländer diskutiert.

Euphorische Sätze

Die Welt-Ernährungskonferenz 1974 hat das »Jahrzehnt zur Überwindung des Hungers« verkündet: »Innerhalb des nächsten Jahrzehnts wird kein Kind mehr hungrig zu Bett gehen, keine Familie mehr davor Angst haben, ob sie genug Brot für den nächsten Tag hat, und es wird niemand mehr infolge dauernder Unterernährung geistig verkrüppeln und ohne Zukunft leben.« Damals glaubte man daran, diese Ziele in kurzer Zeit verwirklichen zu können. Fachleute hatten die Pläne ausgearbeitet, moderne Technik stand zur Verfügung, Geld wurde von den Regierungen der Industrienationen in Aussicht gestellt, und man wurde von einem fast grenzenlosen Optimismus getragen.

Zehn Jahre sind vergangen, und das Gegenteil ist eingetreten. Allein in Afrika werden von 500 Millionen Einwohnern 150 Millionen nicht mehr satt. Millionen sterben an Unterernährung und deren Folgen oder tragen geistige und körperliche Schäden für ihr Leben davon. Inzwischen weisen Fachleute nach, daß nicht nur die Dürre und das Bevölkerungswachstum der letzten Jahre an dieser Versorgungskrise schuld sind. Sie hat vielmehr auch Ursachen, die auf einen verfehlten Entwicklungsansatz hindeuten, also von Menschen gemacht sind. Aber auch die Industrieländer stecken in einer Krise. Hier ist mit gleichem Optimismus und gleicher Ziel- und Wertvorstellung geplant und entwickelt worden. Die Rekordüberschüsse der Landwirtschaft sind nicht mehr bezahlbar.

Es muß einen Zusammenhang zwischen dem Hunger in Afrika und dem Überfluß mit seinen negativen Folgen bei uns geben. Die Landwirtschaftsdenkschrift der Evangelischen Kirche in Deutschland von 1984 (»Landwirtschaft im Spannungsfeld zwischen Wachsen und Weichen, Ökologie und Ökonomie, Hunger und Überfluß«) weist auf den Zusammenhang hin. Die Denkschrift spricht von einer »weltweiten Solidargemeinschaft«. Lösungen werden sich nicht kurzfristig finden lassen. Sie müssen aber konsequent in der Weise gesucht werden, daß »von unten« die betroffenen Menschen in der Dritten Welt über ihre Entwicklung entscheiden und Schwerpunkte setzen.

Ein Beispiel: Die protestantische Kirche in Südost-Sulawesi (Celebes, Indonesien) erbittet von den südwestdeutschen Kirchen 48000 DM zur Einrichtung einer Kreditbank. Die Kirche weiß um die Not der Bauern. Auch die Pfarrer haben Felder für ihren Eigenbedarf. Wer als Bauer etwas verdienen will, muß investieren können. Dies kann er nicht aus den laufenden Einnahmen. Er muß Geld leihen. Bei Banken ist er nicht kreditwürdig, weil niemand ihm zutraut, daß er zurückzahlen kann. Wilde Geldverleiher aber verlangen bis zu 60 Prozent Zinsen im Monat! Nun hat die Kirchenleitung beschlossen, eine eigene »Kreditgenossenschaft« einzurichten. Wer davon profitieren will, muß Mitglied werden und zunächst selbst etwas ansparen. Will er dann Geld leihen, muß er auch Zinsen zahlen, aber in angemessenem Rahmen, etwa 0,75 Prozent monatlich. So erbitten sie zur Aufstockung des Grundkapitals einen Beitrag aus Deutschland.

Entwicklungshilfe

Es ist nur zu offensichtlich, daß die Entwicklungshilfe für die Dritte Welt, sei sie nun staatlich, genossenschaftlich oder kirchlich, längst nicht so wirksam war, wie man gehofft hatte. Gute Modelle der Entwicklungshilfe gibt es nur sehr wenige. Sicher sind an den Mißerfolgen auch politische und ideologische Ursachen schuld. Nicht umsonst warnt Solschenizyn die freien Völker eindringlich, ihre gesellschaftlichen Probleme nicht marxistisch zu lösen, weil dies der Behandlung von Kopfschmerzen durch den Henker gleichkäme. Das Agrarland Rußland war bis zum Ersten Weltkrieg die Getreidekammer Europas. In den Jahren 1931 bis 1933 sind an den Folgen sozialistischer Mißwirtschaft durch die Kollektivierung der Landwirtschaft und die damit verbundene Liquidierung der Kulaken mindestens sieben Millionen, nach anderen seriösen Quellen zehn bis elf Millionen Menschen verhungert. Trotzdem tritt immer deutlicher zutage, was Erhard Eppler schon vor einem Jahrzehnt in einer Rede sagte: »Bei der Entwicklungshilfe geht es heute nicht mehr um Mildtätigkeiten, sondern darum, unsere eigene Lebensgrundlage zu erhalten. Wir sind zur Solidarität in dieser einen Welt verurteilt.« Sicher müssen wir die Entwicklungsprogramme mit den Partnern in Übersee neu durchdenken. Raiffeisens Grundgedanken können uns hier wesentliche Einsichten vermitteln. Es gilt, die mikroökonomischen Verhältnisse bei der Entwicklung auf kooperativer, überschaubarer Ebene streng zu beachten. Es ist besser, weniger konzentriert zu tun, als sich in vielen Ländern und Projekten zu verzetteln. Nur so können Modelle geschaffen werden, die als Beispiel weltweit wirken.

Absolute Priorität in der Entwicklungshilfe muß die Motivierung zum Gemeinwesen haben. Neue und bestehende Organisationen sind in ihren Bemühungen zu unterstützen, einen gemeinsamen Lernprozeß zur Gemeinwesenarbeit zu beginnen und fortzuführen. Durch den Aufbau eigenverantwortlicher Gemeinschaften auf der Basis von Gleichberechtigung, Selbsthilfe und gegenseitiger Unterstützung und durch den Zusammenschluß mit anderen können sich Gruppen dieser Art zu übergreifenden, regionalen Organisationen entwickeln. Dorfentwicklungsprogramme dürfen nicht nur auf der Befriedigung materieller Grundbedürfnisse basieren, sondern sollen alle Bereiche des Lebens, also auch die Gesundheitsversorgung, die Allgemeinbildung und die Förderung des Gemeinsinns, einschließen. Auch wenn jetzt oft viele »not-wendende« Maßnahmen im Vordergrund stehen, muß das Ziel der Langzeitentwicklung, »Hilfe zur Selbsthilfe«, vordringlich in partnerschaftlicher Weise ernstgenommen werden.

Für die Entwicklungsländer ist das Konzept von Raiffeisen ein wertvolles Modell, das natürlich in Einklang mit regionaler Wirtschaftsplanung nach sozialökonomischer und ökologischer Potenz und unter Einbezug des jeweiligen sozio-kulturellen Hintergrundes einzusetzen ist.

Großfamilie und Genossenschaften in Tansania

Ein Afrikaner wird hineingeboren in eine Großfamilie, die einerseits eine metaphysische Gemeinschaft ist, da auch die Toten und die Noch-nicht-Geborenen dazugehören, die andererseits aber auch eine wirtschaftliche Solidargemeinschaft ist. Da gilt: »Einer für alle, alle für einen.« Ein Lehrer erzählt dazu: »Als ich zur Oberschule und zur Universität ging, unterstützten mich alle meine Verwandten. Jetzt muß ich natürlich auch sie und ihre Kinder unterstützen. Durchschnittlich kostet mich das jeden Monat mehr als die Hälfte meines Gehaltes.« Die Großfamilie ist in vielen Ländern der Dritten Welt das Rückgrat der Gesellschaft.

Aber sie läßt sich nicht auf größere Regionen oder in eine Staatsform übertragen. In Tansania hat es Präsident Julius Nyerere mit seinem »Ujamaa-Programm« versucht. Als afrikanischer Sozialismus wurde das Programm die Grundlage der »Arusha-Deklaration« von 1967. Die »Ujamaa-Dörfer« konnten zur Entwicklung von neuen Dörfern eine ausgezeichnete Entwicklungsarbeit leisten, aber in traditionellen Siedlungsgebieten mit einem gut funktionierenden Gemeinwesen wurden sie zur Zwangskollektivierung. Ähnlich wurden die 21 Genossenschaftsverbänden 1976 aufgelöst und in halbstaatliche Monopolgesellschaften umgewandelt.

Zum ersten Mal in seiner zwangzigjährigen Amtszeit gibt Nyerere heute zu, daß er auch einige Fehler gemacht hat. In einem Interview, welches in der in Daressalam erscheinenden »Daily News« am 13. August 1984 wiedergegeben wurde, sagt Nyerere:

Als wir anfingen, war unser Handeln von den Tagesabläufen bestimmt. Gewisse Dinge würde ich nicht wieder tun, wenn ich noch einmal von vorne beginnen könnte. Da ist einmal die Abschaffung der örtlichen Verwaltung, zum anderen die Auflösung der Genossenschaften. Wir waren ungeduldig und unwissend. Dies hätten wir nicht sein sollen, denn es stand im Gegensatz zu unserem eigenen Grundsatz. Will man ein armes Land wie Tansania entwickeln, muß man das Volk einbeziehen. Die Beteiligung des Volkes ist ein wichtiger Teil der Entwicklung – nicht nur der wirtschaftlichen, sondern einer umfassenden. Wir hatten diese beiden nützlichen Organe, die eine Beteiligung ermöglichten. Aber wir schafften sie ab. Die Organe der örtlichen Verwaltung (local government) waren von den Kolonialmächten eingeführt worden und wir mißtrauten ihnen. Sie hatten einige Fehler gemacht und wir hatten keine Geduld mit ihnen. Das war falsch, wie sich herausstellte.

Es stimmt, daß die Leute in den Genossenschaften nicht sehr tüchtig waren, und die Leiter der örtlichen Verwaltung fürchteten sich davor, Entscheidungen zu treffen. Aber statt ihnen zu helfen, schafften wir sie ab. Das waren unsere beiden größten Fehler – und beide standen im Gegensatz zu unserer eigenen Philosophie: »der Beteiligung des Volkes«. Wenn man dieses Prinzip hat, sollte man Möglichkeiten zur Beteiligung schaffen, nicht sie abschaffen. Das ist uns eine Lehre . . .

Seit Oktober 1984 werden die halbstaatlichen Monopolgesellschaften wieder in Genossenschaften umgewandelt. Das damalige Vermögen von 440 Millionen TSh. soll zurückgezahlt werden. Bis jetzt wurde allerdings erst sehr wenig zurückerstattet. Die politische, wirtschaftliche und gesellschaftliche Lage hat sich aber in den letzten acht Jahren so sehr verändert, daß die Genossenschaften bei dem Neuanfang unweigerlich Schwierigkeiten bekommen müssen. Die Mitglieder müssen erst wieder neu die Grundsätze des Genossenschaftswesens in der Selbstbeteiligung und Selbstverwaltung lernen. Sie können jetzt initiativ und aktiv an der Entwicklung mitwirken. So rasch wie möglich müssen die Genossenschaften den guten Ruf, das Vertrauen und den Elan bei den Mitgliedern wiederherstellen. Die Dörfer wurden jetzt durch Nyerere aufgefordert, Einzelgenossenschaften zu bilden und sich in jeder Region zu einem genossenschaftlichen Verband zusammenzuschließen.

Möglichkeiten der Hilfe

Es ist zu wenig, wenn sich unsere Bevölkerung einmal im Jahr nach dringenden Aufrufen durch die Medien für die Soforthilfe bei einer Katastrophe einsetzt. Aber was können wir von hier aus langfristig tun? Wo und wie kann sich ein einzelner an den Weltproblemen beteiligen? Das sind Fragen, die einem nach Vorträgen über Entwicklungshilfe in der Dritten Welt gestellt werden.

Sicher gibt es manche gute Möglichkeiten, und es gibt zum Glück auch nicht ganz wenige Bundesbürger, die interessiert sind und sich irgendwo an einem Programm beteiligen. Zwei Modelle sollen hier noch vorgestellt werden.

Personaler Einsatz

An der Landwirtschaftlichen Fachhochschule in Nürtingen wurde jetzt ein Studienzweig für »Internationales Genossenschaftswesen und Entwicklungsökonomie« eingerichtet. Das Aufbaustudium ist eine Antwort auf die verstärkte Nachfrage nach anforderungsorientierter Ausbildung zur Genossenschaftsarbeit im Ausland. Die Entstehung dieses Ausbildungszweiges hat eine lange Vorgeschichte und wurde seit 1962 durch einen Ausschuß beraten, in den Genossenschaftsverbände, Bundesministerien, die Landwirtschaftlichen Fachhochschulen, verschiedene Hochschulen und die Akademie deutscher Genossenschaften mit einbezogen wurden.

Der neue, drei Semester dauernde Studiengang, welcher mit dem Hochschulgrad »Dipl.-Wirtschaftsingenieur (FH)« abschließt, unterscheidet sich von anderen insofern, als er nicht die Ausbildung von Nur-Genossenschaftlern oder Nur-Genossenschaftsausbildern zum Ziel hat. Er richtet sich vielmehr an Ingenieure aller Fachrichtungen, welche motiviert sind, im Ausland bzw. auslandsbezogen, insbesondere im genossenschaftlichen Rahmen, tätig zu werden. Absolventen von Hochschulen im In- und Ausland sollen in die Lage gebracht werden, ihr erworbenes technisches Wissen zweckmäßig ergänzen und sich an die Verhältnisse einer Berufsausübung im Ausland – dieses gilt verstärkt für den Übersee-Einsatz – adaptieren zu können.

Gesucht sind Menschen, die nicht nur die Ausbildung als eine Ergänzung mitmachen, sondern bereit sind, auch nach Übersee zu gehen und unter oft sehr schwierigen klimatischen und wirtschaftlichen Verhältnissen als Berater im Geiste Raiffeisens zu arbeiten. Für die Studenten, die aus Übersee an der Ausbildung teilnehmen, werden Familien gesucht, die sie während ihres Studiums in Deutschland begleiten. Die Studenten hätten dadurch die Möglichkeit, ihre Sprachkenntnisse zu vertiefen und könnten leichter Einblick in unsere geschichtliche Entwicklung und Kultur erhalten. Daß auch wir manches von den Partnern aus der Dritten Welt lernen können, vielleicht daraus auch anfangen, unseren eigenen Lebensstil zu hinterfragen, kann ein solcher »Familienkontakt« erbringen.

Die Ökumenische Entwicklungsgenossenschaft (EDCS)

In einer Tonbildserie über die EDCS wird mit einigen Bildern auf F. W. Raiffeisen Bezug genommen. Dazu heißt es: »Genossenschaftliche Selbsthilfe – das ist auch heute in der Dritten Welt der hoffnungsvollste Weg aus der Armut.«

Die EDCS ist keine Konkurrenz zu den Hilfsorganisationen, weil sie nicht um Spenden bittet, sondern Gelder aus Rücklagen und Sparguthaben als Beteiligung erwartet.

In den armen Ländern haben viele nicht einmal Geld für den täglichen Lebensunterhalt, und Kredite sind schwer zu bekommen. Kleine Bauern und Handwerker gelten oft nicht als kreditwürdig, weil sie keine Sicherheiten vorweisen können. Wenn sie Kredite bekommen, dann oft nur zu erschreckend hohen Zinssätzen. Sie sind bei örtlichen Geldverleihern um ein vielfaches höher als bei organisierten Banken.

Die einen werden immer reicher, die anderen immer ärmer. Die Auseinanderentwicklung von Nord und Süd führt zu immer größerer Ungerechtigkeit. In den reichen Ländern haben viele mehr Geld, als sie für ihre laufenden Ausgaben benötigen. Sie legen sich ein Sparbuch an oder kaufen Wertpapiere, um ihr Vermögen zu vermehren und ihre Zukunft zu sichern. Wer einmal Geld für ein größeres Vorhaben braucht, kann schnell einen Kredit aufnehmen.

Die EDCS-Idee ist, Einzelpersonen, Gemeinden und Kirchen in den reichen Ländern zu gewinnen, die nicht nur Gelder aus ihrem Überfluß als Spenden für die weltweiten Entwicklungsaufgaben zur Verfügung stellen, sondern auch Teile ihrer Rücklagen und Sparguthaben, die sie zu gegebener Zeit selbst wieder benötigen.

Damit kann EDCS Geld für Projekte in den armen Gebieten der Welt bereitstellen. Dort wollen und können sich viele Menschen etwas erarbeiten, wenn sie statt Hilfen zu fairen Bedingungen Kredite erhalten können. Es ist beabsichtigt, durch eine angemessene Verzinsung den Anlegern bescheidene Dividenden zu zahlen. Partner in Übersee sind vor allem bäuerliche und handwerkliche Genossenschaften. Zum Beispiel stellte die EDCS für ein landwirtschaftliches Kreditprogramm in Ecuador einen Kredit in Höhe von 100 000 US-Dollar, zu einem Zinssatz von fünf Prozent, rückzahlbar in zehn Jahren, zur Verfügung. Mit Hilfe dieses Programms können ca. 4000 Bauern im Andenhochland Früchte und Getreide, Vieh oder kleine Geräte kaufen und dadurch ihre Erträge steigern. In Deutschland kann man sich einem Förderkreis anschließen. Eine Kontaktanschrift ist im Quellen- und Literaturverzeichnis (s. S. 193) enthalten.

Christus spricht: »Tut Gutes und leiht, wo ihr nichts dafür zu bekommen hofft. So wird euer Lohn groß sein« (Lk 6,35).

Raiffeisen-Zitate

Aus dem reichen Schatz dessen, was Raiffeisen vor allem im letzten Jahrzehnt seines Lebens und somit vor etwa 100 Jahren gesprochen und geschrieben hat, ist es nicht leicht, eine Auswahl zu treffen. Was er in diesen Jahren geschrieben hat, kann man als Zusammenfassung und Ertrag seiner Arbeit und langjährigen Erfahrung ansehen. Sein Buch »Die ländlichen Darlehnskassen-Vereine«, das bei seinem Tod schon in der 5. Auflage erschienen war, das von ihm gegründete »Landwirtschaftliche Genossenschaftsblatt« sowie Briefe und Protokolle der Vereinstage enthalten eine große Fülle von markanten Aussprüchen, wovon viele wert wären, wieder abgedruckt zu werden. Manche Zitate könnten genauso auch aus einer Predigt entnommen sein. Vor allem ist das meiste heute noch nach wie vor gültig, und viele Probleme haben sich nur verlagert und weltweite Dimensionen angenommen. Manche Worte greifen Gedanken, Vorwürfe, Behauptungen und Einwände von Mitgliedern, Freunden und den Gegnern der Genossenschaften auf. Wie Martin Luther hat Raiffeisen dem Volk aufs Maul geschaut und sein Ohr an der Basis gehabt.

Bei der folgenden Auswahl wurden vor allem Zitate ausgesucht, die die Wurzeln seines Handelns und Redens herausstellen. Der Gemeinsinn, von dem Raiffeisen spricht und den er als Ziel für die Gesellschaft sieht, gründet in einer echten christlichen Motivation. Sein Mitarbeiter und für kurze Zeit Mitinhaber der Druckerei, M. Faßbender, hat ihn später einmal sehr kritisch als einen religiösen Eiferer beschrieben, aber auch anerkennend bestätigt: »Er benutzte viele Bibelzitate, aber Raiffeisen lebte auch danach.«

Christliche Grundsätze

1. Das Handeln muß einen klar bewußten Beweggrund haben. Der Gemeinsinn wird sonst die Feuerprobe nicht bestehen, er

ist alsdann nur ein leeres Wort. Als den sichersten oder zu einer ausdauernden Pflege des Gemeinsinnes allein haltbaren Beweggrund haben wir betont und werden aus innerster Überzeugung auch fortan betonen: das Christentum, die Tat des echt christlichen Glaubens durch die Liebe, ohne irgendwelche Nebenabsichten.

(Neujahrsgruß, Genossenschaftsblatt, 1880)

2. Vielfach wird gesagt: Das ist recht, gut und schön, der Christenglaube ist für viele ein gewaltiger Hebel, seiner aber zu erwähnen, ist heutzutage nicht zeitgemäß. Die Feindschaft gegen das Christentum ist zu groß, zu allgemein, durch seine Hervorhebung werden eine Menge tüchtiger Kräfte zurückgeschreckt, die christliche Gesinnung ist zuviel zum Deckmantel selbstsüchtiger Bestrebungen benutzt worden, deshalb darf man es am zweckmäßigsten gar nicht mehr erwähnen usw. Dies ist bezeichnend. So weit ist es also gekommen, daß man des höchsten und edelsten Gutes: des christlichen Glaubens, inmitten eines christlichen Volkes nicht mehr erwähnen darf, ohne verkannt oder gar verspottet zu werden. Es kann gewiß nicht bestritten werden, daß vielfach Heuchelei vorgekommen, daß der schöne Chistenname in verderblicher und verbrecherischer Weise mißbraucht worden ist; deshalb aber alle diejenigen, welche sich aufrichtig bestreben, diesem Namen Ehre zu machen, sich nicht scheuen, ihren Glauben öffenlich zu bekennen und zu bestätigen, mit den Heuchlern, wie man zu sagen pflegt, in einen Topf zu werfen und zu verdächtigen, ist doch gewiß in keinerlei Beziehung gerechtfertigt. »An ihren Früchten sollt ihr sie erkennen«, sagt unser Herr und Heiland. Einen anderen Maßstab zur Beurteilung der Gesinnung als die Handlungen haben wir auch heute noch nicht. Nicht auf das christliche Bekenntnis allein, sondern auf die Bestätigung desselben durch die Liebe kommt es an.

(Neujahrsgruß, Genossenschaftsblatt, 1880)

3. Seien wir ferner wahre Christen, d. h. handeln wir nach christlichen Grundsätzen recht und ehrlich. Kopfhängerei ist nicht nötig und sogar ein Übel; aber Ehrlichkeit in allen

Dingen, bis zur Milch und Butter, Gewissenhaftigkeit, sittlicher Lebenswandel – die sind absolut nötig. Unrecht Gut gedeihet nicht und Betrug, auch im kleinen, bleibt Betrug. Die christliche Gesinnung bestätigt sich ferner durch die Nächstenliebe und Wohltun, sie schließt allen Haß und Neid, alle Schadenfreude und eigensinnige Rechthaberei aus; sie liebt den Mitmenschen, will seinen Schaden nicht und hilft den Armen und Notleidenden.

(Neujahrsgruß, Genossenschaftsblatt, 1887)

4. Es ist höchste Zeit, dem auf falscher Fährte befindlichen Zeitgeiste eine andere Richtung zu geben, ein anderes Streben hervorzurufen. Welcher Art dies sein soll, kann für einen Christen nicht zweifelhaft sein. Der Herr und Heiland gibt selbst die Direktive an, indem er in seiner Bergpredigt sagt: »Trachtet am ersten nach dem Reiche Gottes und nach seiner Gerechtigkeit, so wird euch solches alles (nämlich die irdischen Bedürfnisse) zufallen«; oder, wie es nach einer anderen Übersetzung heißt: »Suchet am ersten das Reich Gottes und seine Gerechtigkeit, und jenes alles soll euch dazugegeben werden.« Es handelt sich also in erster Linie darum, nicht nach vergänglichem Erdenglück, sondern nach den ewigen himmlischen Gütern zu trachten.

(»Die Darlehnskassen-Vereine«, 1887)

5. Bezüglich des auf dem Lande in erschreckender Weise zunehmenden Luxus sowie der Vergnügungssucht wäre ein Rückschritt eine Rückkehr zu den früheren, einfachen Verhältnissen, der Enthaltsamkeit und Sparsamkeit, der Ausnützung aller Kräfte und aller Zeit der Familie durch entsprechende Hausarbeit: Spinnen, Stricken und dgl. sehr zu wünschen. Gegenüber der jetzigen Vergnügungssucht und dem Aufgeben der erwähnten Hausarbeiten bildet der allgemeine Notschrei und das Bestreben, der Not durch Gesetze zu steuern, einen eigentümlichen Kontrast. Es können hier nur solche Gesetze in Betracht kommen, welche den Bestrebungen der Bevölkerung, sich selbst emporzuarbeiten, die Wege ebnen und Hindernisse hinwegräumen, im übrigen aber die Bevölke-

rung auf sich selbst zurückführen. Diese kann aber die sittlichen Kräfte und Tugenden, welche durchaus zum Emporarbeiten nötig sind, nur aus der christlichen Religion schöpfen. Dieselbe muß vor allen Dingen wieder hochgehalten und gepflegt werden.

(Vereinstag, 1882)

6. Wir haben es mit einem schrecklichen, ja dem gefährlichsten Feinde, mit uns selbst, mit dem in uns befindlichen, bis zu einem gewissen Grade berechtigten, aber so leicht in Selbstsucht ausartenden Egoismus zu tun. Wer sich nur einigermaßen in den Kampf dagegen eingelassen hat, wird zugeben müssen, daß er aus eigener Kraft nicht bestanden werden kann.

(Vereinstag, 1885)

7. Nur durch das bewußte Arbeiten für Gott gewinnt man die nötige Kraft und Ausdauer, läßt man sich nicht durch Nebenrücksichten, nicht durch Ehr- oder Gewinnsucht leiten, nicht durch Unannehmlichkeiten oder Undank abschrecken, kommt erst der rechte Geist in unser Streben.

(Vereinstag, 1884)

8. Die Christenpflicht läßt sich nicht abkaufen, auch nicht mit Redensarten erledigen. Es wird verlangt, zu tun, für Gott zu arbeiten. Dies schützt vor Ehrgeiz, vor Selbstsucht, gibt Kraft zur unermüdlichen Durchführung und eine innere Befriedigung, welche mit Geld nicht aufzuwiegen ist.

(»Die Darlehnskassen-Vereine«, Vortrag 1887)

9. Wenn, wie fast allgemein zugegeben wird, die soziale Gefahr nur durch das Christentum als das einzige Mittel beseitigt werden kann, und wir in dieser Beziehung mitwirken wollen, so müssen wir uns doch die Frage vorlegen: Was ist christlich? Es erscheint dies eine gefährliche Frage in einer so gemischten Versammlung, welche rein wirtschaftliche Bestrebungen zusammengeführt hat. Und doch ist die Beantwortung derselben ein für allemal nötig, um uns recht klarzumachen, was wir

darunter verstehen. Wir wiederholen, daß wir die Form für die christliche Religion für durchaus nötig und so wichtig halten, da, wo es gilt, mit allem, was man ist und hat, dafür einzutreten. In unseren Bestrebungen und Versammlungen haben wir es nicht mit der Form, sondern lediglich mit dem Wesen des Christentums zu tun und zur Bestätigung desselben im öffentlichen Leben den geeigneten Weg zu suchen.

(Vereinstag, 1886)

10. Was will man denn eigentlich unter Gemeinsinn verstehen, wenn nicht jedes einzelne Glied der Gesellschaft für die Gemeinschaft Opfer bringen soll? Das gute Beispiel und der gute Geist müssen aber von oben kommen. Ohne Betätigung eines guten Geistes und ohne das gute Beispiel von seiten der geschäftsführenden Personen wird auch von Gemeinsinn und von gemeinnütziger Tätigkeit in einer Genossenschaft nicht die Rede sein können. Nur durch das gute Vorbild der Führer wird es möglich sein, in einem solchen Verein eine gegenseitig liebevolle, brüderliche Gesinnung hervorzurufen, durch welche die Vereinsgenossen in Leid und Freud zusammenstehen, zu gegenseitiger Unterstützung stets bereit sind, und durch welche dann nach allen Richtungen hin der Verein segenbringend zu wirken imstande sein wird.

(»Die Darlehnskassen-Vereine«, 1887)

11. Auch hier muß der Spruch Beachtung finden: »Hilf dir selbst, so hilft dir Gott.« Wer sich nicht selbst helfen will, dem können auch die Vereine, dem kann auch Gott nicht helfen.

(»Die Darlehnskassen-Vereine«, 1887)

12. So segensreich die Vereine auch wirken, so darf man davon doch keine Wunder, keinen plötzlichen Umschwung der Verhältnisse erwarten. Die gute Wirkung kann nur eine allmähliche sein. Bei umsichtiger Verwaltung erfolgt sie aber mit der größten Sicherheit, weshalb die Gründung derartiger Vereine nicht genug empfohlen werden kann.

(»Die Darlehnskassen-Vereine«, 1866)

13. Man nennt die Vereine nach meinem Namen. Ich habe dieselben indes nicht erfunden. Der erste Verein war ein Kind unserer Zeit, aus der Not geboren. Ich habe nur Patenstelle dabei vertreten. Die vielen Kämpfe, welche mich zeitweise an den Rand der Verzweiflung brachten, haben mir meine Ohnmacht recht eindringlich zum Bewußtsein gebracht und mir die innere Überzeugung gegeben, daß die dem Darlehnskassen-Verein zugrunde liegende Bewegung nicht Menschenwerk, sondern Gottes Werk ist. Hätte ich diese Überzeugung nicht gehabt, so würde ich bei meinem Gesundheitszustand längst aufgehört haben, dafür zu wirken.

(Vereinstag 1885)

14. Ich kann es mit Ihnen nicht genug beklagen, wenn die Vereine zu religiösen oder politischen Zwecken mißbraucht werden sollten. Auch ich bin mit Ihnen der Überzeugung, daß, wo dies geschieht, die Vereine ihre schöne Aufgabe durchaus nicht erfüllen können, und das Gegenteil von dem erreicht wird, was wir beabsichtigen. Soweit mein Einfluß reicht, trete ich solchem Mißbrauch entgegen. Ich bitte Sie sehr herzlich, ein Gleiches zu tun und dahin wirken zu wollen, daß sich die Vereine durchaus auf rein wirtschaftlichem Gebiete bewegen. Wenn ich auch die allgemeinen christlichen Prinzipien als Grundlage betone, so geschieht dies gerade in dem Sinne, um auf die Notwendigkeit der Beteiligung eines auf Nächstenliebe gegründeten Gemeinsinnes hinzuweisen.

(An Schmid, Kreiswanderlehrer, 1879)

15. Wie ich schon öfters öffentlich bekannt habe, bin ich nur ein schwaches Werkzeug in der Hand Gottes, unseres obersten Direktors. Er hat nach meiner vollsten Überzeugung die den Darlehnskassen-Vereinen zugrunde liegende Bewegung hervorgerufen und unsere Organisation bis dahin wunderbar geleitet. Er wird dieselbe trotz aller Intrigen und Bekämpfungen auch weiterführen und vollenden. Lassen Sie uns, meine lieben Vereinsgenossen, auf ihn fest vertrauen, treu zusammenstehen, mit vereinten Kräften durchkämpfen und in Ge-

sinnungsgenossen immer neue Hilfstruppen anwerben. Der Sieg wird sicher unser sein.

(»Die Agitation gegen die Zentral-Darlehnskasse«, Genossenschaftsblatt, 1886)

16. Für die Beurteilung der unentgeltlichen Verwaltung bei den Darlehnskassen-Vereinen bietet ein Ausspruch des Heilands eine Grundlage, nämlich: »Du sollst deinen Nächsten lieben wie dich selbst« – nicht mehr, aber auch nicht weniger. Leider wird heutzutage vielfach dahin getrachtet, rücksichtslos zu erwerben und zu genießen und sich um die Mitmenschen weiter nicht zu kümmern, als dies durch den eigenen Vorteil und den äußeren Zwang geboten ist. Darin, in der herrschenden Selbstsucht, liegt die Krankheit unserer Zeit. Das erwähnte Gebot wird wenig, teilweise gar nicht mehr beachtet. Man bekennt sich zu dem christlichen Glauben, bedenkt aber nicht, daß der Glaube in der Betätigung der Liebe seine Probe bestehen muß, daß wahre Gottesliebe ohne Nächstenliebe ganz undenkbar ist. Heißt es doch im 1. Brief Johannes 4,20: »Wer seinen Bruder nicht liebet, den er sieht, wie kann er Gott lieben, den er nicht sieht?« Vom christlichen Standpunkte bilden wir alle als Kinder eines himmlischen Vaters und als Bruder des für uns Mensch gewordenen eingeborenen Sohnes Gottes eine große Familie. Daraus ergibt sich aber, daß wir die Fürsorge ebenso auf die »Nächsten«, auf die Mitmenschen ausdehnen sollen wie auf uns selbst und die eigene Familie, und daß es Pflicht ist, nicht allein für sich und die eigenen Angehörigen zu sorgen, sondern auch der Nebenmenschen zu gedenken.

(»Die Darlehnskassen-Vereine«, 1887)

Mensch und Schöpfung

17. »Im Schweiße deines Angesichtes sollst du dein Brot essen.« Dieses göttliche Wort ist den Menschen aller Zeiten mit auf den Weg durch das Erdenleben gegeben. Leider wird dasselbe

zu wenig beachtet. Erleichtert durch die fortwährend mehr ausgebildeten und reichlich vorhandenen Verkehrs- und Erwerbsmittel, findet man neben dem ehrlichen Verdienst vielfach das Bestreben, ohne große Mühe reich zu werden, Schätze zu sammeln und sich möglichst viele materielle Genüsse zu verschaffen. Diese Bestrebungen finden immer größeren Umfang in der Masse der Bevölkerung. Man möchte gegebenen Beispielen folgen, auch wenig arbeiten, dagegen viel genießen. Selbst bis in die entferntesten Gegenden und die entlegensten Ortschaften bricht sich der Luxus Bahn. Früher nie gekannte Bedürfnisse vermehren sich. Solche zu befriedigen, reichen die vorhandenen Einnahmen nicht aus. Auf diese Weise entstehen Schulden, und das Treiben einer gewissen Sorte von Menschen wird erleichtert, die körperliche Anstrengungen scheut wie das Feuer, aber mit um so größerem Fleiße die Früchte des Schweißes ihrer Mitmenschen einheimst, Existenz nach Existenz vernichtet und das Bestehen der ganzen menschlichen Gesellschaft auf das ernsteste bedroht.

(»Kurze Anleitung«, 1883)

18. Nackt kommt der Mensch in die Welt, nackt verläßt er sie. Für alle geistigen und materiellen Güter, welche er hier besessen, wird er von dem ewigen Richter zur Verantwortung gezogen, wird er gefragt werden, wie er solche im Dienste Gottes bzw. in der Fürsorge für die bedürftigen Mitmenschen verwendet hat. Es ist selbstverständlich, daß es sich nicht um eine bloße Werktätigkeit, sondern um die Betätigung der aus dem lebendigen Glauben naturgemäß hervorsprießenden, in der Gottesliebe wurzelnden und aus ihr stets frische Kraft schöpfenden, christlichen Nächstenliebe handelt.

(»Die Darlehnskassen-Vereine«, Vortrag 1887)

19. Wenn man fortwährend, man kann fast sagen, Tag und Nacht, nur für Genossenschaften arbeitet und nur davon hört, so ist es nicht zu verargen, wenn man zuweilen an eine Ausspannung denkt. So war es auch bei mir kürzlich der Fall. Am liebsten hätte ich mich in die Einsamkeit des Waldes zurück-

gezogen, um mich in der freien, unverfälschten Natur wieder zu erfrischen und neue Kräfte zu sammeln. Da es mir jedoch an Zeit fehlte, so mußte ich mich vorläufig auf das Studium der Natur beschränken. Ich verfiel, um dem Treiben der Menschen für kurze Zeit zu entgehen, auf das Tierreich und dabei merkwürdigerweise auf das Bienenvolk. Als ich mich einigermaßen damit vertraut gemacht hatte, bemerkte ich, daß ich aus dem Regen in die Traufe gekommen war. Ich fand eine Genossenschaft mit wunderbarer Organisation, vortrefflicher Arbeitsteilung, außerordentlichem Fleiße, Enthaltsamkeit in der Zeit des Mangels, Sparsamkeit zur Zeit der Not, einer sorgsamen Pflege der Nachkommenschaft sowie der schwächeren Glieder, einer unbedingten Hingabe des einzelnen Individuums an die Gesamtheit, einem einheitlichen und ausdauernden Zusammenwirken der ganzen Genossenschaft. Der Vergleich dieser mit unseren Vereinen erfüllte mich mit Wehmut, und dann kann diese Genossenschaft den letzteren gewiß als Vorbild dienen.

(Vereinstag, 1887)

Diakonisches Handeln – soziale Gerechtigkeit

20. Das Trachten nach irdischen Schätzen und Genüssen gewährt niemals Befriedigung. Je mehr gesammelt und genossen wird, desto größer wird die Sucht, desto größer wird der Reiz, desto mehr tritt die Unersättlichkeit hervor. Ganz entgegengesetzt wirkt die Erfüllung des (zuvor erwähnten) göttlichen Gebotes. Wer sich dessen befleißigen und ohne Verletzungen seiner Pflichten gegen die nächsten Angehörigen für seine Nebenmenschen fürsorglich tätig sein will, der wird daran immer mehr Freude gewinnen und durch das Gefühl der höchsten Befriedigung eine viel höhere Entschädigung finden, als durch irdische Güter jemals erlangt werden kann.

(»Die Darlehnskassen-Vereine«, 1887)

21. Häufig hört man sagen: »Was habe ich davon, daß ich in dieser Welt selbstlos arbeiten soll, man erntet doch keinen Dank,

Undank ist der Welt Lohn usw.« Diese Aussprüche sind ganz berechtigt für solche, welche nur für Menschen arbeiten. »Was ihr getan habt einem dieser meiner geringsten Brüder, das habt ihr mir getan«, sagt aber der Heiland. Wer in innigem, aufrichtigem Glauben für Gott arbeiten kann, der verlangt keinen Dank, läßt sich weder durch Undank noch Hindernisse irgendeiner Art in der Arbeit für die »Geringsten« zurückschrecken und wird nicht müde in dem Bewußtsein, daß er für den arbeitet, welchem er alles zu verdanken hat, immer weit in dem, was er zu tun schuldig ist, zurückbleibt, und daß die Folgen dieser Arbeit in die Ewigkeit hineinragen.

(Vereinstag, 1884)

22. Bei dem geringen Entgegenkommen und dem Mangel jeglicher Anerkennung werden die meisten müde und ziehen sich zurück. Es wird dann gesagt: »Man erntet doch nur Undank; Undank ist der Welt Lohn.« Das ist richtig. Wenn je ein Sprichwort sich bewahrheitet hat, so ist es dieses. Undank ist der Welt Lohn. Wer also für die Welt, für Ehre arbeitet, der wird auch der Welt Lohn, nämlich Undank, ernten. – »Alles, was ihr einem meiner geringsten Brüder getan habt, das habt ihr mir getan.« Wir sollen also für Gott, welchem wir alles verdanken, arbeiten, und da er persönlich unserer nicht bedarf, unsere ganze Fürsorge unseren bedrängten Mitmenschen widmen. Vergleichen wir die beiden Richtungen miteinander, so finden wir, daß das Arbeiten für sich selbst, für das Sammeln von Schätzen und für irdische Genüsse eine vermehrte Begehrlichkeit, eine steigende Unzufriedenheit bis ins Grab und über das Grab hinaus, während das Arbeiten für Gott eine steigende Befriedigung, ja den zeitlichen und ewigen Frieden als Gottes Lohn zur Folge hat und weder Dank noch Ehre verlangt. – »Alles, was ihr getan habt einem dieser meiner geringsten Brüder, das habt ihr mir getan.« Merken wir wohl, der Sohn Gottes nennt die sogenannten Enterbten, die große Masse der Hilsbedürftigen, seine Brüder. Wieviel mehr sind wir verpflichtet, sie als unsere Brüder anzusehen, uns ihrer mit Bruderliebe anzunehmen. Das aus-

dauernde fürsorgliche Arbeiten in dieser Richtung wird wieder zu dem Glauben an die uneigennützige Nächstenliebe der Menschen und so auch wieder zu dem Glauben an Gott führen.

(Vereinstag 1885)

23. Die liebevolle Fürsorge der besitzenden Klassen für die Ärmeren in der innigen Vereinigung, wie solche die in Rede stehenden Genossenschaften bieten, ist das einzige Mittel, die richtige Innung der Zukunft zu begründen. Das ist »christlicher Sozialismus«. Würden überall solche Vereine gegründet, fände dabei eine allseitige Beteiligung statt und würden dieselben im rechten Geiste geleitet, so daß sie die Pflanzstätten echt christlichen Gemeinsinnes, echt christlichen gemeinnützigen Zusammenwirkens würden, so könnte man der Zukunft ruhiger entgegensehen.

(»Die Darlehnskassen-Vereine«, 1887)

24. Häufig hört man solche Zumutungen einwenden: Mit dem Volk ist absolut nichts zu machen, es ist zu träge zu gleichgültig, zu mißtrauisch usw. Solche Behauptungen sind geradezu verwerflich. Es ist mit jedem Menschen etwas zu machen, wenn man ihn nur in der nötigen Weise anfaßt und die rechte Geduld hat. Die meisten dieser armen Leute sind indes recht zugänglich und dankbar für Rat und Hilfe, wenn man sie überzeugt, daß man es gut mit ihnen meint und ihnen Vertrauen einflößt. Solche nun, welche ihre Existenz mit dem irdischen Leben als abgeschlossen betrachten, nicht an ein zukünftiges, ewiges Leben, nicht an eine Vergeltung glauben, handeln ganz folgerecht, wenn sie sich möglichst viel erwerben, ihre Mitmenschen, soweit sie dadurch nicht mit den weltlichen Gesetzen in Konflikt kommen, nach Herzenslust ausbeuten und sich möglichst viele materielle Genüsse verschaffen. Es gibt aber auch andere, welche auf dem erwähnten Standpunkt stehen und trotzdem so handeln, daß sie anderen, welche die Religion fortwährend im Munde führen, als Vorbild dienen können. Die große Masse, welche den Glauben an die Ewigkeit verloren, der Religion und allem, was heilig ist,

abgesagt hat, wächst durch allerlei nachteilige Einflüsse in erschreckender Weise. Wie das Bestehen der Gesellschaft dadurch in der gefährlichsten Weise bedroht wird, lehrt die Geschichte.

Es ist die Pflicht aller derjenigen, welche die Gefahr erkannt haben, mit allen vereinten Kräften dahin zu wirken, daß die allgemein befürchtete, schreckliche Katastrophe abgelenkt wird. Wie dies geschehen könne, dafür gibt es nur ein Mittel, es ist dies kurz gesagt das Christentum.

(Vereinstag, 1884)

25. Der Weg zur Lösung der sozialen Frage findet sich im Gleichnis über den barmherzigen Samariter, der unter die Mörder gefallen ist. Alle diejenigen, welche gefühl- und mitleidlos, ohne hilfsbereit zu sein, an den Notleidenden in der Gesellschaft, welche überall an dem Lebenswege jedes einzelnen liegen, vorübergehen, machen es wie der Priester und der Levit. Auch für diejenigen, welche helfen wollen, sind Gaben allein nicht ausreichend. Wie zu helfen ist oder wie geholfen werden soll, hat der Herr in dem barmherzigen Samariter vorgezeigt. Es soll gehandelt und außerdem durch Gaben nachgeholfen werden. Die Wunden, die Quellen des Übels, sollen ausgesucht, sie sollen durch lindernden Balsam geheilt werden. Der Notleidende soll gehoben und liebevoll gepflegt werden. Nach dem Vermögen des einzelnen sollen Zeit und Kräfte dazu verwendet und außerdem Geldbeiträge geleistet werden.

(Gedanke Raiffeisens, von seinem Sohn Rudolf niedergeschrieben)

26. Dazu ist eine Opferwilligkeit und eine Ausdauer nötig, wie solche die gebräuchlichen Schlagwörter »Gemeinsinn« und »Nächstenliebe« zu geben nicht imstande sind. Wir betonen daher ausdrücklich die christliche Nächstenliebe, welche in der Gottesliebe und in der Christenpflicht wurzelt, daraus ihre Nahrung zieht und je mehr geübt, um so kräftiger, um so nachhaltiger wird und eine Befriedigung gewährt, welche durch keinerlei materielle Vergütung ersetzt werden kann, ja

diese sogar verschmäht. Während der besitzenden Klasse ohne pekuniäre Nachteile ein reiches Feld der christlichen Liebestätigkeit geboten wird, wirkt dieselbe zugleich brüderlich mit ihren hilfsbedürftigen Nachbarn zusammen an deren sowie an der gemeinsamen Wohlfahrt. Dankbarkeit und gegenseitige Zuneigung und somit der soziale Friede müssen und werden die natürliche Folge sein. Es ist dies im großen und ganzen allerdings noch ein Ideal. Um dasselbe zu erreichen, wird noch viel gekämpft und noch viel gearbeitet werden müssen. Die Möglichkeit, es zu erreichen, ist nach den bisherigen Erfahrungen aber unzweifelhaft.

(»Die Darlehnskassen-Vereine«, 1887)

Armut und Reichtum – Wohlstand verpflichtet

27. Man spricht und schreibt heutzutage viel über die Lösung der sogenannten sozialen Frage und sucht allseitig dafür Mittel und Wege zu erforschen und anzuwenden. Die soziale Frage ist durch Christus längst gelöst. Sie liegt einfach in der organisierten Fürsorge für die »Geringsten«, die Hilfsbedürftigen, die schwächeren Glieder der Gesellschaft. Durch Zwang ist dies nicht möglich. Zwang erhöht auf der einen Seite die Begehrlichkeit und die unbegrenzten Ansprüche, auf der anderen Seite Widerwillen und Mißstimmung und erweitert so die Kluft zwischen Besitzenden und Nichtbesitzenden. Liebe erweckt Gegenliebe, Dank und Anerkennung auf der einen, Opferwilligkeit und Freude auf der anderen Seite, führt zu einem freundlichen Verhältnis zwischen arm und reich, zur Versöhnung der Gegensätze und zu allseitig freundlichem Zusammenwirken an der Beseitigung der herrschenden Not- und Mißstände.

(Vereinstag, 1884)

28. »Was ihr getan habt einem dieser meiner geringsten Brüder, das habt ihr mir getan.« In diesem Satze bzw. der Betätigung des aufrichtigen Glaubens und der in der Liebe zu Gott wurzelnden, unversiegbaren Nächstenliebe, am meisten

durch Fürsorge für die notleidende Masse, die »Geringsten«, liegt die Lösung der sogenannten sozialen Frage. Wenn bei jedem Gesetze, bei jeder allgemeinen Maßregel gefragt würde: Wie wird die große Masse der Bedürftigen dabei stehen?, und wenn man auf diese stets die gebührende Rücksicht nehmen wollte, so würde der soziale Friede bald hergestellt sein.

(Vereinstag, 1886)

29. Es gibt ein Universalmittel zur Lösung der sogenannten sozialen Frage. Das ist, an Stelle des auf wirtschaftlichem Gebiete in höchster Blüte sich befindenden Parteiwesens, in welchem das arme Volk die Waffe und auch zugleich das Streitobjekt bildet, Gegensätze hervorgerufen und verstärkt und so unhaltbare Zustände geschaffen werden – wir sagen an Stelle dieses Parteigetriebes einen anderen Streit hervorzurufen, einen Wettstreit dahingehend, wer in der Nächstenliebe am segensreichsten wirkt. In diesen Streit dürfen doch wohl die Darlehnskassen-Vereine, ohne unbescheiden zu erscheinen, eintreten. Dieser Streit wird zum Frieden führen, zum Frieden im Herzen, zum Frieden in der Familie, zum Frieden in der Gesellschaft. Daß uns dieser Friede bald zuteil werde, das walte Gott!

(»Die Darlehnskassen-Vereine«, Vortrag 1887)

30. In der Betätigung des christlichen Glaubens durch die ausdauernde christliche Nächstenliebe allein liegt die Lösung der sogenannten sozialen Frage. Die Organisation der Darlehnskassen-Vereine bietet in dieser Beziehung und wird immer mehr bieten ein unermeßliches Feld der Liebestätigkeit. Der Unterschied zwischen Reichen und Armen ist vollständig geschwunden. Beide haben gleiche Rechte, gleiche Pflichten, sie sind in ein und derselben Versammlung zu gemeinsamer Tätigkeit vereinigt. Die Unbemittelten sehen, wie wir, die Wohlhabenden, welche für sich meist des Vereins gar nicht bedürfen, mit ihnen zusammensitzen und zusammen beraten über die Mittel und Wege, sie aus ihrer bedrängten Lage zu befreien. Sie waren bis jetzt krank und gefangen, gleichsam an

Händen und Füßen gebunden in ihren trostlosen Verhältnissen. Die Fesseln werden allmählich gelöst. Sie atmen wieder auf, schöpfen wieder Hoffnung, bekommen neuen Mut. Sie sind befreit worden aus ihrer hilflosen Lage durch die günstiger gestellten Nachbarn, welche mit ihnen liebreich zusammen tagten, zusammen arbeiteten. Die Kluft zwischen reich und arm ist beseitigt, das brüderliche Zusammenwirken hat sie ausgefüllt.

(Vereinstag, 1885)

31. Das Beispiel nützt allein, Worte wirken nichts. Deshalb muß auch die besitzende Klasse in religiöser Beziehung und sodann auch in den christlichen Tugenden mit einem guten Beispiel vorangehen.

(Vereinstag, 1882)

32. Es kommt vor, daß diejenigen, welchen man helfen will, dies zwar annehmen, jedoch nicht mit Dank, sondern mit Mißtrauen, weil man sich gar nicht mehr vorstellen kann, daß in uneigennütziger Absicht für die Bedürftigen etwas geschehen könne. Mit dem Glauben an Gott ist auch der Glaube an die Menschen verlorengegangen.

(Vereinstag, 1885)

33. Wenn man sich innerlich gedrungen fühlt, für die Geringsten, die Verkommensten, für die Bedürftigsten zu sorgen, so muß sich notwendigerweise die Fürsorge auf alle anderen Menschen, für welche wir etwas zu tun Gelegenheit haben, mit erstrecken. Es wird ja heutzutage vielfach behauptet, daß bei der Entwicklung unserer Zeit es schließlich nur noch Millionäre und Bettler geben würde. Wenn wir also durch unsere Vereine mit dafür sorgen, daß der noch vorhandene Mittelstand erhalten sowie durch Hebung der herabgekommenen Glieder vermehrt und gekräftigt wird, so wird dadurch indirekt in umfassender Weise für diejenigen gesorgt, welche sonst Not leiden müßten, werden die Hungrigen gespeist, die Durstigen getränkt usw. »Das habt ihr für mich getan«, sagt der Heiland.

(Vereinstag, 1887)

34. Bekanntlich läßt sich das geistige Wohl von dem materiellen Wohle nicht trennen. Es findet in dieser Beziehung eine stete Wechselwirkung statt. Armut und materielle Verkommenheit sind unzweifelhaft die günstigsten Pflanzstätten der Verbrechen und Laster aller Art, vor allem aber höchst drückend für diejenigen, welche sie tragen müssen. Indem man bei den Bedürftigen zunächst das Verlangen erweckt, sich emporzuarbeiten und eine günstigere Lebensstellung zu erringen, wird in ihnen zugleich das Bestreben hervorgerufen, alle moralischen und physischen Kräfte auf das höchste anzuspannen. Es werden Fleiß und Sparsamkeit erzeugt, Tugenden, welche viele andere im Gefolge haben.

(Die Darlehnskassen-Vereine, 1887, 2. Auflage)

35. Durch das enge Zusammenwirken, sowohl in den einzelnen Vereinen, als auch in den Verbänden, wird der Genossenschaftsgeist geweckt, gestärkt, der Gemeinsinn befestigt und, wie sich jetzt schon zeigt, durch das freundliche Zusammenwirken der verschiedenen Stände die Kluft zwischen reich und arm immer mehr ausgeglichen, es wird allmählich wieder ein gesunder Mittelstand, die sicherste Grundlage für Kirche und Staat, geschaffen und so zur Lösung der sogenannten sozialen Frage ganz erheblich mitgewirkt. Die Forderung der Wohlfahrt der einzelnen Beteiligten wird nach allen Richtungen hin erleichtert, Fleiß und Sparsamkeit erzeugt und verstärkt, der Luxus mehr und mehr eingeschränkt, und dadurch die Wohlhabenheit gehoben, so wird es auch dazu kommen, daß die stets steigenden Gemeindeausgaben, welche immer mehr von verhältnismäßig wenigen getragen werden müssen, auf mehr Schultern verteilt werden.

(»Kurze Anleitung«, 1883)

Verantwortung vor Gott

36. Um uns allen die Wichtigkeit unserer Aufgabe recht vorzuführen, wollen wir unserer Phantasie einmal freien Lauf lassen und uns 50 Jahre hinaus in die Zukunft versetzen. Unser aller

Körper werden alsdann unter der Erde liegen, ein Raub der Würmer und wieder zu Erde geworden sein. Die sauer und mühevoll erworbenen irdischen Güter haben wir zurückgelassen. Alle unsere noch so weisen und umsichtigen Vorkehrungen haben ein ganz anderes Resultat gehabt, als wir erwarten. Bezüglich der irdischen Angelegenheiten werden wir meist umsonst gearbeitet, umsonst gelebt haben. Wir selbst aber stehen vor dem ewigen Richterstuhl Gottes, um Rechenschaft abzulegen über die Verwendung unserer geistigen Gaben und irdischen Güter. Welcher Art diese Rechenschaft sein wird, wissen wir im voraus. Der Herr und Heiland, der ewige Richter, wird die Frage an uns stellen: »Habt ihr die Hungrigen gespeist, die Durstigen getränkt, die Kranken und Gefangenen besucht?« – »Was ihr getan habt einem dieser meiner geringsten Brüder, das habt ihr mir getan.« Dieser Ausspruch des Heilands bildet die Grundlage der Darlehnskassen-Vereine und deren ganzer Organisation. – »Aber«, so werden nicht wenige unter Ihnen denken, »das haben wir nun schon oft genug gehört.« Oft wohl, aber nicht oft genug.

(Vereinstag, 1885)

37. Aber, wird man sagen, mit dem ganzen Vermögen für alle Verbindlichkeiten des Vereins solidarisch haften, ohne Vergütung dafür zu arbeiten, keinen Anteil am Gewinn erhalten und noch obendrein durch Bürgschaften ein Risiko übernehmen zu sollen, das ist eine Zumutung, welche wir nicht billigen können. Vom Standpunkt der Welt, namentlich des heutigen Zeitgeistes, ist das gewiß zuzugeben. Dieser Zeitgeist soll indes durch unsere Vereine bekämpft werden. Um die denselben gestellte Aufgabe zu verstehen, müssen wir auf unser Ende und über dieses hinaus in die Ewigkeit schauen. Wir wissen, daß unser diesseitiges Leben nur eine Vorbereitung dafür ist, daß wir für alles, was wir sind und haben, für die Verwendung unserer geistigen und materiellen Güter zur Rechenschaft gezogen werden.

Von der Entstehung der Vereine an, wird als deren Grundlage unaufhörlich die Christenpflicht betont. Gegenüber den materialistischen Bestrebungen unserer Zeit ruft auch uns heutzutage der Herr und Heiland zu: »Trachtet am ersten nach dem Reiche Gottes und seiner Gerechtigkeit, so wird euch solches alles (was zur leiblichen Notdurft gehört) zufallen.«

(Vereinstag, 1887)

38. Wenn ich heute noch sterben oder zurücktreten sollte, so würde das Unternehmen dennoch weitergeführt werden. So viel als nach menschlicher Berechnung möglich war, ist dafür gesorgt. Dies ist indes Nebensache. Der oberste Leiter, der allmächtige Gott, sitzt noch fest in seinem Regimente. Wir alle, die wir an der Sache arbeiten, sind Werkzeuge. Er, nicht ich, hat das Werk begonnen und bisher geleitet. Er wird dasselbe auch weiterführen. Mögen die Gegner und namentlich diejenigen, welche eifrig im Geheimen dasselbe zu vernichten trachten, dies beherzigen und überzeugt sein, daß alle ihre Bemühungen vergeblich sein werden, mögen namentlich unsere Freunde nicht vergessen, daß die Zukunft unseres Unternehmens nicht in Menschenhänden, sondern in Gottes Hand liegt, und daß der Wechsel in der oberen menschlichen Leitung auf den gedeihlichen Fortgang keine bleibende nachteilige Einwirkung haben wird. Je mehr wir überzeugt sind, daß es nicht ein Menschen-, sondern ein Gotteswerk ist, wofür wir arbeiten, desto mehr ist es aber auch unsere Pflicht, alle unsere Kräfte bis auf das äußerste anzuspannen für ihn, den obersten Leiter, und, da wir für ihn selbst nichts tun können, für die »Geringsten«, für die Notleidenden, in der zuvor bezeichneten Weise uns an dem Bienenvolke ein Beispiel nehmend und dem göttlichen Gesetze folgend, einmütig zusammenzuwirken.

(Vereinstag, 1884)

39. Der Geist christlichen Glaubens und der Liebe muß die Triebfeder und die Kraft zum unermüdlichen Wirken sein. Lassen Sie, werte Vereinsgenossen, uns dies nie vergessen; lassen Sie uns stets bedenken, daß, ohne eingedenk zu sein unserer Christenpflichten, ohne das ernste Bestreben, diesen gerecht zu werden, niemals die den Darlehnskassen-Vereinen gestellte Aufgabe erfaßt werden kann, unsere Vereine zu

reinen Geldgeschäften herabsinken und auf die Dauer wenig wirken würden. Daß dies nicht geschehe, daß der Geist aufrichtigen, christlichen Glaubens, der Geist inniger, herzlicher Liebe zu Gott und unseren Mitmenschen uns die zuversichtliche Hoffnung geben möge, daß dadurch und nur dadurch allein die irdische Wohlfahrt und die ewige Glückseligkeit erlangt werden kann, daß dieser Geist uns, unsere Vereine und deren ganze Organisation durchdringe zum Segen unserer Zeit und zum Segen der kommenden Geschlechter, das walte Gott!

(Letzter Vereinstag, 1887)

Quellen- und Literaturverzeichnis

Abresch, W., Kaiser, F., *Zukunft gewinnen,* Hannover: Steinbock, 1968

Aschoff, G., »Hermann Schulze-Delitzsch – Friedrich Wilhelm Raiffeisen«, in: *Archiv* 3.1 (1973)

Bauert-Keetman, I., *Raiffeisen. Verwirklichung einer Idee,* Tübingen: Wunderlich, 1970

Braumann, F., *Eine Idee erobert die Welt,* Schaffstein-Verlag, 1967

Braumann, F., *Ein Mann bezwingt die Not. Lebensroman Friedrich Wilhelm Raiffeisens,* Neuwied: Verlag der Raiffeisendruckerei, 1961

Faßbender, M., *Raiffeisen in seinem Leben, Denken und Wirken, im Zusammenhang mit der Gesamtentwicklung des neuzeitlichen Genossenschaftswesens in Deutschland,* Berlin, 1902

Faust, H., *Geschichte der Genossenschaftsbewegung,* Frankfurt (Main), 1977

Hasselhorn, J., *Friedrich Wilhelm Raiffeisen, Christ und Vater der ländlichen Genossenschaft,* Hermannsburg, 1963

Krebs, W., *Aus dem Leben Friedrich Wilhelm Raiffeisens.* Festgabe zum 100. Geburtstag Raiffeisens, Berlin, 1918

Krebs, W., *Friedrich Wilhelm Raiffeisen – ein Kapitel bäuerlicher Selbsthilfe,* Leipzig/Berlin: Lühe, 1943

Lorch, T., *Saat der Gerechtigkeit,* Stuttgart: Quellverlag, 1956

Mändle, E., *Handwörterbuch des Genossenschaftswesens,* Wiesbaden, 1980

Meyer, W., Hörspiel des WDR, 1968. Schriftlich im Raiffeisen-Familienkalender 1968

Meyerholz, H., *Raiffeisen-Genossenschaften,* Neuwied, 1964

Oppen, D. von, »Gemeinschaft der Heiligen«, in: Dirks, W., *Die Antwort der Mönche* (Frankfurt, 1952)

Raiffeisen, F. W., *Die Darlehnskassen-Vereine als Mittel zur Abhilfe der Not der ländlichen Bevölkerung sowie auch der städtischen Handwerker und Arbeiter. Praktische Anleitung zur Bildung solcher Vereine, gestützt auf 16jährige Erfahrung als Gründer derselben,* 1. Auflage Neuwied: Strüder, 1866 u. weitere Auflagen. – 8. Auflage 1966 bei Deutscher Genossenschaftsverlag, Postfach 2140, 6200 Wiesbaden 1

Raiffeisen, F. W., *Kurze Anleitung zur Gründung von Darlehnskassen-Vereinen, zugleich Übersicht über deren Entwicklung und Organisation,* 1. Auflage Neuwied 1883 und weitere Auflagen.

Raiffeisen-Worte, Neuwied, 1921

Rosenkranz, A. (Hrsg.), *Das evangelische Rheinland. Ein rheinisches Gemeinde- und Pfarrerbuch. Bd. I Die Gemeinde, Bd. II Die Pfarrer,* Düsseldorf: Presseverband der Evangelischen Kirche im Rheinland, 1958

Schack, G., *Steine und Bausteine. Das Werden und Wachsen des Friedrich Wilhelm Raiffeisen,* Bad Godesberg: Voggenreiter, 1965

Scherer, A., *Was erwartet der ländliche Mensch von Raiffeisen?,* Raiffeisen-Verband Kurhessen, 1965

Seelmann-Eggebert, E. L., *Friedrich Wilhelm Raiffeisen – sein Lebensweg und sein genossenschaftliches Werk,* Stuttgart: Kohlhammer, 1928

Sonnemann, T., *Raiffeisen in der modernen Gesellschaft,* Deutscher Raiffeisenverband, 1971

Ohne Autor:
Baden-Württembergisches Pfarrerbuch, Bd. II Württembergisch Franken, Teil 2: Die Kirchen- und Schuldiener, bearb. von O. Haug u. a., Karlsruhe: Evangelischer Presseverband für Baden, 1981
EDCS-Tonbildserie, Kontaktadresse: G. Banzhaaf, Schluchseestr. 45, 7730 VS-Schwenningen, Tel. (07720) 21198
Film: *Friedrich Wilhelm Raiffeisen – der Bürgermeister aus dem Westerwald,* Landesfilmdienst, 8000 München 44, Postfach 440104, Tel. (089) 347065
Landwirtschaft im Spannungsfeld zwischen Wachsen und Weichen, Ökologie und Ökonomie, Hunger und Überfluß, EKD-Denkschrift, Gütersloh, 1984
Lenin contra Raiffeisen, Berto-Verlag, Bonn
Raiffeisen – auch morgen modern. Nachlese zum Raiffeisenjahr, Kiel, 1969

Bildnachweis

W. Abresch, Seite 112, 144, 146
Briefmarkensammlergilde, St. Gabriel, G. Baron, Seite 15
O. Eichhorn, Seite 61
J. Hönekopp, Seite 44, 142
F. Lamparter, Seite 21, 22, 51, 52, 59, 110, 154
Raiffeisenausstellung, Bonn, Foto-Studio Querbach, Seite 46,123, 135
Raiffeisendruckerei, Seite 9, 119
Stadt Neuwied, Seite 72, 74

Stammbaum und Verwandtschaft

Hans Rauffeisen in Raffelsbergk (Ravensburg), * um 1510 , Müller,
erhält am 05. 08. 1547 das Bürgerrecht durch Einheirat

Jörg (Georg) Rauffeisen * 1535
1562 Nestler in Hall, † 28. 08. 1613 Hall

Georg Rayffeisen
* 20. 01. 1569 Hall, Stadtbaumeister und Nestler, † 23. 01. 1651 Hall

Georg Raiffeisen
* 02. 03. 1598 Hall, Nestler und Salzsieder, † 1667

Hanß Jerg (Georg) Raiffeisen
* 29. 12. 1627, zieht als Glaser nach Möckmühl, † 02. 12. 1691 Möckmühl

Johann Peter Raiffeisen
* 14. 01. 1676 Möckmühl, † 31. 10. 1716 Möckmühl, Glaser
⚭ am 08. 09. 1700 mit Apolonia Kayser

Jahann Adam Raiffeisen
* 26. 12. 1715 Möckmühl, Hoflakai in Wertheim, zuletzt Schulmeister in Eschach bei Schwäbisch Gmünd, † 17. 03. 1768 Eschach
⚭ mit Charlotte Juliana Bram von Langenburg
* 1697, † 1776 Mittelfischach

Johann Carl Ludwig Raiffeisen
* 15. 12. 1749 Wertheim, † 08. 02. 1814 Mittelfischach, Pfarrer daselbst ab 1776,
⚭ am 25. 05. 1778 in Frickenhofen mit Juliana Sybilla Velel, * 12. 02. 1755 Sontheim/Alb,
† 17. 10. 1820 in Waldenburg

Hermann Heinrich Raiffeisen
* 08. 07. 1779, † 17. 11. 1843, Pfarrer in Polling, München, Pappenheim und in Theilenhofen, Dkt. Gunzenhausen

Weitere Nachkommen vorhanden

Gottfried Friedrich Raiffeisen
* 07. 02. 1782 Mittelfischach, † 16. 01. 1849 Hamm/Sieg
Kaufmann und zuletzt Bürgermeister daselbst
⚭ 12. 01.1806 in Hamm mit Amalie Susanne Maria Lantzendörffer
* 29. 08. 1785 Hamm, † 29. 01. 1859 in Stetten bei Haigerloch

Johann Carl Raiffeisen
* 08. 04. 1785 Mittelfischach, † 08. 02 1843 Gailenkirchen, Pfarrer in Waldenburg und Gailenkirchen,
⚭ 1817 mit Elenor C. E. D. Koch,
* 06. 10. 1799 Langenburg, † 12. 08. 1873 Braunsbach

Friedrich Wilhelm Raiffeisen
* 30. 03. 1818 Hamm/Sieg, † 11. 03. 1888 in Neuwied
Bürgermeister in Weyerbusch, Flammersfeld und in Heddesdorf bei Neuwied, Gründer der ländlichen Genossenschaftsorganisation,
⚭ 23. 09. 1845 in Weyerbusch. Emilie Storck aus Remagen,
* 23. 09. 1826, † 27. 07. 1863,
2. Ehe am 18. 12. 1867 mit Maria J. Penserot, geb. Fuchs,
* 20. 05. 1819 in Kreuzkirche bei Rengsdorf,
† 10. 09. 1900 in Hannover

⚭ 1845 mit Juliane geb. Ammon, † 12. 10. 1888 Heilbronn,
Pfarrer in Eschelbach und Untersteinbach, Dekan in Langenburg, Blaufelden und Ludwigsburg, Prälat in Heilbronn

Elise Wilhelmine Raiffeisen
* 13. 09. 1851 Untersteinbach, † 21. 12. 1926 Schwäbisch Gmünd,
⚭ 20. 05. 1875 in Ludwigsburg mit Otto August Groß,
* 25. 12. 1844 in Ludwigsburg, Pfarrer in Neckarweihingen, Langenburg, Widdern, Oberaspach, Lorenzenzimmern und Schwäb. Gmünd, † 03. 09. 1904 in Gotteszell.

Weitere Nachkommen vorhanden

Anna Sophie Raiffeisen
* 01. 02. 1857 Langenburg,
† 11. 12. 1939 Künzelsau
⚭ 08. 11. 1881 in Heilbronn mit Emil Friedrich Fraas,
* 01. 12. 1853 in Geislingen/K., Pfarrer in Lorch, Hausen a. B., Schabbach, Zell und Altbach,
† 02. 09. 1941 in Kupferzell

Weitere Nachkommen vorhanden

Emma Raiffeisen
* 22. 02. 1864 in Langenburg,
† 16. 10. 1954 in Geislingen/St.
⚭ Sept. 1890 in Weinsberg mit Theophil Georg Aichelin,
* 28. 07. 1861 in Korntal, Pfarrer in Kirchheim/Teck, Weinsberg, Urach, Dekan in Geislingen/St.,
† 28. 05. 1939 daselbst.

Weitere Nachkommen vorhanden

Amalie Raiffeisen
Sekretärin beim Vater
* 02. 08. 1846 in Weyerbusch,
† 11. 01. 1897 in Heddesdorf/Neuwied

Karoline Louise Johanna Raiffeisen
* 25. 06. 1848 in Flammersfeld, † 27. 04. 1883 in Gutschdorf,
⚭ am 07. 08. 1872 mit Johann Jacob Hurter in Heddesdorf, Kaufmann in Gutschdorf/Schlesien,
* 15. 04. 1841,
†
Weitere Nachkommen vorhanden

Anna Elisabeth Raiffeisen
* 11. 10. 1850,
† 12. 03. 1851

Olga Charlotte Jakobine Raiffeisen
* 16. 03. 1852,
† 16. 07. 1852

Rudolf Raiffeisen
* 20. 07. 1853 in Heddesdorf
† in Barcelona
⚭ mit Victorine Serad/Serrat?
arbeitete von 1889 bis 1892 im Werk des Vaters mit

Weitere Nachkommen vorhanden

Bertha Raiffeisen
* 12. 10. 1855 in Heddesdorf
† 15. 10. 1949 in Aschaffenburg
⚭ 15. 05. 1878 in Heddesdorf mit Julius Fuchs,
* 02. 10. 1851 in Amsterdam
† 25. 11. 1951 in Nürnberg

Weitere Nachkommen vorhanden

Emilie Ida Raiffeisen
* 09. 01. 1859,
† 22. 01. 1859

Zeittafel

Zeit	Allgemeine Zeitgeschichte	Kirchen- und Sozialgeschichte	Wissenschaft und Technik	Familie Raiffeisen	Genossenschafts-wesen	Zeit
bis 1780	1757 Freiherr von Stein *	1740 Oberlin in Straßburg * 1767 Oberlin kommt ins Steintal	1746 J. H. Pestalozzi * 1769 E. M. Arndt * 1769 Erfindung der Dampfmaschine J. Watt		1760 Neuwied, Herrnhuter Handwerker – Gemeine	bis 1780
bis 1800	1781 Kant: Kritik der reinen Vernunft 1789 Franz. Revolution 1797 Kaiser Wilhelm I. *	1780 Deutsche Christentumsgesellschaft Basel gegründet 1782 Oetinger †	1789 Galvani entdeckt die elektrische Kraft	1782 Vater G. F. Raiffeisen * 1785 Mutter Amalie Raiffeisen *	1785 Darlehenskasse im Steintal durch Oberlin	bis 1800
1810 1820	1804 Napoleon wird Kaiser 1813/14 Freiheitskriege 1815 Otto von Bismarck * 1818 Karl Marx * 1820 Friedrich Engels *	Erweckungsbewegung 1808 D. F. Strauß * 1808 J. Wichern * 1809 G. Werner * 1811 Bischof Ketteler * 1815 Basler Mission gegründet 1828 Rheinische Mission gegründet	1803 Justus von Liebig * 1809 Darwin * 1812 A. Krupp * 1816 W. Siemens * 1817 K. F. Drais erfindet das Fahrrad 1822 L. Pasteur * 1827 J. H. Pestalozzi †	1814 Großvater Pfr. J. C. L. Raiffeisen † 1818 Friedrich Wilhelm Raiffeisen * 1826 Emilie Raiffeisen geb. Storck *	1808 H. Schulze-Delitzsch * 1820 Külztal im Hunsrück Mühlengesellschaft 1821 Repeln bei Mörs Windmühlenvereinigung	1810 1820

Zeit	Allgemeine Zeitgeschichte	Kirchen- und Sozialgeschichte	Wissenschaft und Technik	Familie Raiffeisen	Genossenschafts-wesen	Zeit
1830	1831 Freiherr vom Stein †	1831 F. v. Bodelschwingh * 1831 Amalie Sieveking, Krankenpflege in Hamburg 1833 Wichern gründet Rauhes Haus, Hamburg 1836 Th. Fliedner, Kaiserswerth, beginnt sein Diakonissen-Mutterhaus	1835 Erste deutsche Eisenbahn	1835 Raiffeisen beginnt mit dem Militärdienst	1839 Wilhelm Haas *	**1830**
1840	1841 Deutschlandlied 1845 Fürst Wilhelm zu Wied * 1848 Komm. Manifest (Marx/Engels)	1840 G. Werner beginnt in Reutlingen 1848 Wittenberger und Mainzer Kirchentage/Innere Mission 1849 Kath. Gesellenvereine (Kolping)		1845 Bürgermeister in Weyerbusch 1846 Tochter Amalie * 1848 Bürgermeister in Flammersfeld 1849 Vater G. F. Raiffeisen †	1846 Brotverein in Weyerbusch 1849 Flammersdorfer Hilfsverein	**1840**
1850		1854 1. Herberge zur Heimat (Perthes) 1854 Löhes Diakonissenanstalt Neuendettelsau	1859 Darwin: Entstehung der Arten	1852 Bürgermeister in Heddesdorf 1859 Mutter Amalie Raiffeisen †	1854 Heddesdorfer Wohltätigkeitsverein 1856 M. Faßbender *	**1850**
1860	1866 Preuß.-Österr. Krieg	1865 A. Kolping †	1860 E. M. Arndt † 1867 A. Nobel erfindet das Dynamit	1863 Emilie Raiffeisen † 1865 Ruhestand als Bürgermeister 1867 2. Ehe mit Johanna, * Pensenroth	1864 Heddesdorfer Darlehenskassenverein 1866 Buch »Darlehnskassenvereine« 1869 1. Landwirt. Genossenschaftstagung	**1860**

Zeit	Allgemeine Zeitgeschichte	Kirchen- und Sozialgeschichte	Wissenschaft und Technik	Familie Raiffeisen	Genossenschaftswesen	Zeit
1870	1870–71 Deut.-Franz. Krieg 1872–79 Kulturkampf 1878 Attentate auf Wilhelm I. Sozialistengesetz	1870 Dogma von der Unfehlbarkeit des Papstes 1872 Bodelschwingh gründet Bethel 1874 D. F. Strauß † 1877 Bischof Ketteler †	1871 Darwin: Abstammung des Menschen 1873 J. v. Liebig † 1878 Edison erfindet die Glühbirne		1872 Rhein. landw. Genossenschaftsbank 1877 Anwaltschaftsverband ländl. Genossenschaften 1879 Landwirt. Genossenschaftsblatt	**1870**
1880	1883 Karl Marx † 1883–89 Soz. Versicherungsgesetze 1888 Kaiser Wilhelm I † 1888 Kaiser Wilhelm II	1881 Wichern † ab 1882 Ev. Arbeitervereine (1890) Gesamtverband der Ev. Arbeitervereine) 1887 G. Werner †	1884 Mendel † 1885 Daimler/Benz 1. Automobil	1888 F. W. Raiffeisen †	1881 Druckerei und Handelsfirma 1883 H. Schulze-Delitzsch † 1889 Reichsgesetz für Genossenschaften	
1890	1890 Bismarcks Entlassung 1895 F. Engels † 1898 Bismarck †	1890 Ev.-soz. Kongreß (Naumann) 1894 Beginn der christl. Gewerkschaften 1897 Kirchl.-soz. Konferenz (A. Stöcker)	1892 W. v. Siemens †	1897 Tochter Amalie †	1890 Landw. Zentral-Darlehenskasse für Deutschland 1897 Großhandeslgesellschaft der deutschen Ein- und Verkaufsgenossenschaft	**1890**
1900	1900 Bürgerliches Gesetzbuch 1907 Fürst Wilhelm zu Wied † 1914–18 Erster Weltkrieg 1919 Weimarer Verfassung	1910 Bodelschwingh † 1919 K. Barth: Römerbrief	1900 F. v. Zeppelin 1. Luftschiff 1903 O. Wright 1. Motorflug	1900 Maria Raiffeisen †	1907 Internationaler Bund landwirt. Genossenschaften 1910 Verlegung des Generalverbandes von Neuwied nach Berlin 1913 W. Haas †	**1900**

Register

Ortsregister

Personenregister

Sachregister

Bibelstellenregister

Weitere Bibelstellen zur Begründung genossenschaftlichen Handelns:

Joh. 13,34 und 15,12 u. 17
Apg. 20,35
Röm. 12,4 u. 5
1. Kor. 12,12
Galater 6,2
Epheser 4,25
1. Thess. 4,9
1. Joh. 3,17 f. u. 23
1. Joh. 4,7 u. 11 f.

Die Autoren

Walter Arnold, aus Stuttgart, Studium der Theologie, Philologie und Geschichte in Tübingen, Zürich und Basel, Studienaufenthalt in USA, Vikar und Pfarrer in Stuttgart und Ludwigsburg, 1964 bis 1973 Generalsekretär des Deutschen CVJM in Kassel, seit 1973 Oberkirchenrat in Stuttgart, zuständig für Mission, Ökumene, Medien und Publizistik der Württembergischen Landeskirche. 1977–1981 Präsident des CVJM-Weltbundes, seit 1981 Mitglied der Kommunikationskommission im Lutherischen Weltbund und seit 1983 Mitglied im Zentralausschuß des Ökumenischen Rates der Kirchen in Genf.

Fritz Hellmut Lamparter, Pfarrerssohn aus Rot am See (Hohenlohe), Dipl.-Ing. (FH) für Landbau, Diakon, zehn Jahre als Entwicklungshelfer und Missionar in Tansania und Papua Neuguinea. Seit 1971 Mitarbeiter bei Oberkirchenrat Arnold im Referat für Mission und Ökumene der Württembergischen Landeskirche in Stuttgart.